Le grand livre
des jeux
drôles et intelligents

Le grand livre
des jeux
drôles et intelligents

Conception

Angèle DELAUNOIS
Francine ALLARD

Conception graphique
et
illustrations

Isabelle Charbonneau

Données de catalogage avant publication (Canada)

Delaunois, Angèle

Le grand livre des jeux drôles et intelligents

Pour les jeunes de 8 à 12 ans

ISBN 2-7625-8722-0

1. Jeux - Ouvrages pour la jeunesse 2. Jeux intellectuels - Ouvrages pour la jeunesse
3. Jeux littéraires - Ouvrages pour la jeunesse. I. Allard, Francine. II. Titre.

GV1203.D46 1997   j793.7   C97-940565-3

Dépôts légaux : 2e trimestre 1997
Bibliothèque nationale du Québec
Bibliothèque nationale du Canada

ISBN : 2-7625-8722-0
Imprimé au Canada
10   9

LES ÉDITIONS HÉRITAGE INC.
300, rue Arran, Saint-Lambert (Québec) J4R 1K5
Téléphone : (514) 875-0327
Télécopieur : (514) 672-5448
Courrier électronique : heritage@mlink.net

LÉGENDES

Jeux de calcul et de logique

Jeux de mots

Jeux d'observation

Mots croisés

Quiz, charades et énigmes

Facile

Moyen

Difficile

© Les éditions Héritage inc. 1997

LÉGENDES

SOMMAIRE

© Les éditions Héritage inc. 1997

© Les éditions Héritage inc. 1997

© Les éditions Héritage inc. 1997

OBJETS CACHÉS : LES SECRETS DE L'ÉTANG

Quinze objets perdus se cachent dans ce dessin représentant un étang tranquille. Essaie de les retrouver tous. Il y a une assiette, des ciseaux, une casquette, un aviron, un bâton de golf, un livre, un peigne, une brosse, un cerf-volant, un appareil-photo, une chandelle, une plume, un pinceau, un tube de peinture et un panier.

LES MAMMIFÈRES SUR LE DERRIÈRE !

Dans les dix mots suivants se cachent les noms de dix mammifères. En changeant une seule lettre, tu pourras... ouvrir un jardin zoologique !

1. CHAR _____

2. TACHE _____

3. RIT _____

4. UNE _____

5. LINGE _____

6. SOUMIS _____

7. HALEINE _____

8. PARC _____

9. LOUE _____

10. NOIR _____

QU'EST-CE QUI VIENT ENSUITE ?

Voici une petite suite logique qui fait appel à ton astuce et à ton sens de l'observation. À première vue, ces petits dessins ne veulent rien dire... pourtant, il suffit de les regarder d'une certaine façon pour qu'ils prennent tout leur sens et pour que tu sois capable de continuer la série.
À toi de jouer !

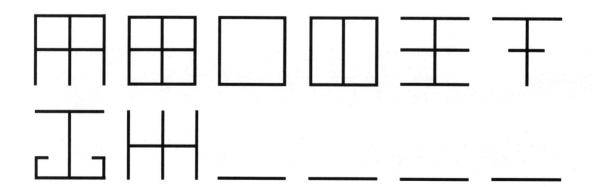

LE S.O.S. DU GARDIEN DE PHARE

La tempête fait rage. Toutes les communications téléphoniques avec le continent sont coupées. Monsieur Jules, le gardien de phare, est complètement isolé du reste du monde sur son île. Il envoie un message urgent en morse à sa femme. Peux-tu aider celle-ci à le déchiffrer ?

(Le code morse a été inventé en 1832 par un certain monsieur MORSE. C'est un moyen de communication utilisé pour envoyer des messages télégraphiques où les lettres de l'alphabet sont remplacées par des traits et des points.)

```
...  — — —  ... / . — — —  . —  .. / . — —  —  . —  .  . — —  . — —  . — — . .  . /
.. —  —  . / — —  .  . — .  . — — —  ... / . — .  ....  .. —  — —  . / — .  — — —  .. /
—  .  ... / — —  .  ... / . — .  .  —  . —  ...  —  — .  . — —  ... /
...  .. —  — /  . — —  — .  / — .  — —  .  . — — —  .  .  ...  / .  — /
— —  .  ... / ...  . —  — —  .. —  — .  .  .  . — — —  / ...  — — —  —  . — / 
— .  . —  — —  — .. —  .  ... / . — . / . — .. . — / — —  .  . — . /
```

_____

_____

_____

_____

_____

_____

Alphabet morse :

A	B	C	D	E	F	G	H	I	J	K	L	M
.—	—...	—.—.	—..	.	..—.	——.	....	..	.———	—.—	.—..	——

N	O	P	Q	R	S	T	U	V	W	X	Y	Z
—.	———	.——.	——.—	.—.	...	—	..—	...—	.——	—..—	—.——	——..

Il y a vingt mots à trouver dans cette grille. Ils peuvent être écrits horizontalement, verticalement, obliquement ou à l'envers. Lorsque tu les auras tous trouvés, il te restera huit lettres pour former le mot mystère dont la définition pourrait être : objets très utiles durant l'été.

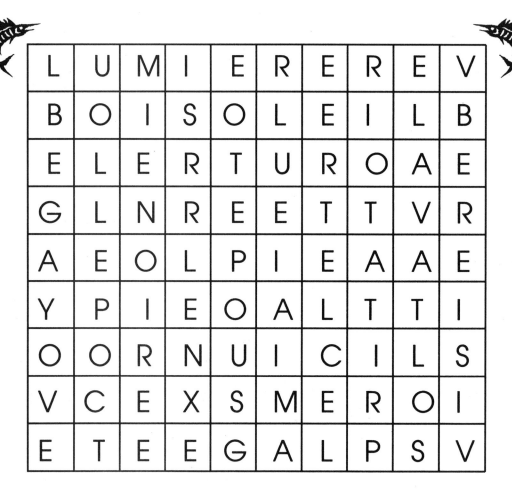

Mots à placer :

avale - bateaux - bois - cil - crêperie - été - lave - lotion - lumière - mer - plage
port - sel - soleil - valise - ver - visière - voile - voilier - voyage

© Les éditions Héritage inc. 1997

MÉLI-MÉLO : LES CAPITALES CANADIENNES

Tu connais sûrement le nom de toutes les provinces du Canada. Mais connais-tu aussi les capitales de ces provinces? Voici un petit jeu qui va te rafraîchir la mémoire. En prime, tu trouveras dans les cases grises le nom d'une des grandes villes du Québec.

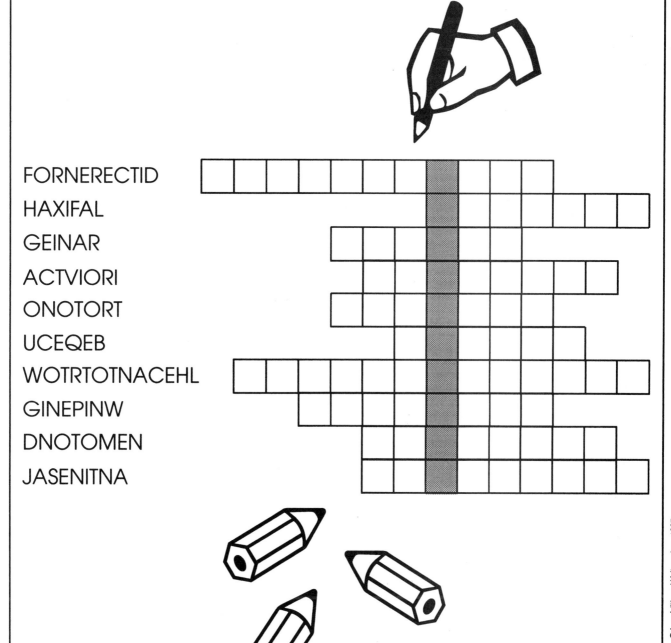

FORNERECTID

HAXIFAL

GEINAR

ACTVIORI

ONOTORT

UCEQEB

WOTRTOTNACEHL

GINEPINW

DNOTOMEN

JASENITNA

"ÉNIGMATIQUES"

Voici quelques « Énigmatiques » pour stimuler ton esprit logique.

1. « Maman, je ne t'ai pas volé ce billet de 10 $. Je l'ai trouvé entre les pages 115 et 116 de ton livre *L'Afrique mal partie*, dit Jean-François. Comment sa mère peut-elle être certaine qu'il ment ?

_____

2. Un archéologue un peu menteur dit avoir trouvé une pièce de monnaie très ancienne. « C'est écrit 167 avant Jésus-Christ », se vante-t-il aux journalistes. Comment peut-on être certain que l'archéologue ment ?

_____

3. Sur la route menant au village de Saint-Cucufa, il y a beaucoup d'accidents les jours de brouillard. La municipalité fait installer cette pancarte « Défense d'aller vite les jours de brouillard ». Mais, cela ne change rien. Pourquoi ?

_____

LES "SCRABOUILLEURS"

Voici un choix de 8 lettres dont la valeur est indiquée à droite. À l'aide des lettres que tu n'utiliseras QU'UNE SEULE FOIS PAR MOT, tu devras former des mots (pas de verbes) dont la somme est indiquée dans chacune des cases.

| E$_2$ | P$_4$ | A$_5$ | M$_8$ | T$_6$ | R$_7$ | O$_3$ | C$_9$ |

16 _____   20 _____   17 _____

25 _____   28 _____

35 _____   32 _____

26 _____   21 _____

30 _____   18 _____

23 _____   29 _____

19 _____   22 _____

© Les éditions Héritage inc. 1997

Cette grille de mots entrecroisés ne comporte que des noms de légumes que l'on peut trouver facilement toute l'année. Il y en a neuf à l'horizontale et autant à la verticale. Ce sont les petits dessins qui te guideront pour trouver leur nom. De quoi faire une bonne soupe ! Les mots s'écrivent de gauche à droite et de bas en haut.

◉ LE COQUILLAGE SAGE !

Simon adore collectionner les coquillages lorsqu'il va à la mer. Il en voit un qui brille au soleil. Pour aller le chercher, Simon doit traverser une plage étrange en n'empruntant que les cases qui contiennent les lettres du mot « coquillage ». Il peut aller de haut en bas, de gauche à droite mais jamais en diagonale. Il ne doit pas non plus revenir sur ses pas. Peux-tu l'aider ?

```
B D F H M N D C B H J D F H R S V
M X Y P N B F O C I K T X B F H D
V N A U Q M D B K L A L G O B D F
P S L T C A L R B F S T Y C H T S
R V A X Z S L I G C O A U Q B F H
Z Y L N M H H D K Y B D F H S D T
P R G C Q U I X B Q U I G D Z H J
H K V X B Y O G E C J B A C Q D F
B P Z B V D F K H F D B V Z U I G
D R S T H Y P Z X M N F H V X B A
```

? GÉNIES... SUR PELOUSE

Voici dix questions pour éprouver tes connaissances. Pour chaque bonne réponse, compte 10 points. Si tu obtiens entre 80 et 100 points, tu es un génie; entre 60 et 80 points, tu es un as; entre 40 et 60 points, tu as fait des efforts; entre 0 et 40 points, tu dois lire davantage sur le sujet.

La littérature

1. Dans quelle bande dessinée y a-t-il le professeur Tournesol ?_____

2. Quel est le mot le plus long de la langue française
   (ce n'est pas « élastique ») ? _____

3. Qui a écrit *le Petit Prince* ? _____

4. Qui a visité le « pays des merveilles » ? _____

5. Où peut-on emprunter des livres ? _____

6. Quel était le nom du compagnon de Robinson Crusoé ? _____

7. Quel est le métier de Tintin ? _____

8. Quel animal veut être apprivoisé par le Petit Prince ? _____

9. Au Québec, en littérature jeunesse, qui a créé le personnage d'Alexis ?_____

10. Quelles auteures ont créé *Cyrus , l'encyclopédie qui raconte* ?_____

AU PIED DE LA LETTRE

Voici des dessins qui illustrent des expressions courantes. Peux-tu dire lesquelles ?

  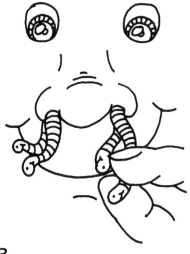

1. _____

2. _____

3. _____

4. _____

5. _____

6. _____

7. _____

8. _____

9. _____

LES INTRUS

Sophie et Charles participent à une chasse au trésor. Pour avancer, ils ont besoin de quatre mots qui ont un lien logique entre eux. Sur la feuille de départ, il y a cinq mots, dont un intrus. Peux-tu aider Sophie et Charles à rayer l'intrus sur chacune de leurs feuilles de route ?

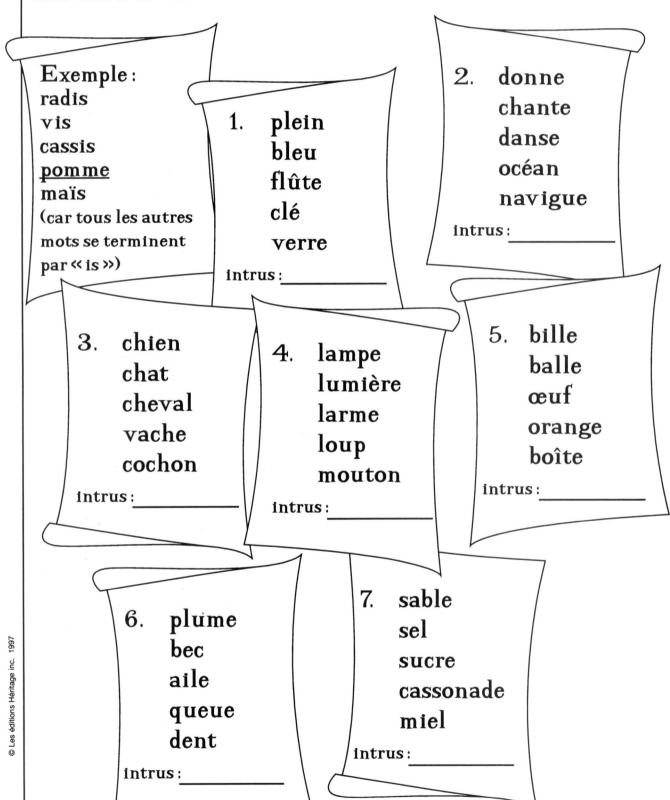

Exemple :
radis
vis
cassis
<u>pomme</u>
maïs
(car tous les autres mots se terminent par « is »)

1. plein
bleu
flûte
clé
verre

intrus : _____

2. donne
chante
danse
océan
navigue

intrus : _____

3. chien
chat
cheval
vache
cochon

intrus : _____

4. lampe
lumière
larme
loup
mouton

intrus : _____

5. bille
balle
œuf
orange
boîte

intrus : _____

6. plume
bec
aile
queue
dent

intrus : _____

7. sable
sel
sucre
cassonade
miel

intrus : _____

JEU DE MÉMOIRE : LE RÉFRIGÉRATEUR

Samuel est en train de préparer un pique-nique pour sa randonnée. Il a ouvert le réfrigérateur qui est rempli de toutes sortes de choses appétissantes. Regarde bien ce qu'il contient pendant une minute exactement. Attention, tu n'as pas le droit de prendre des notes. Ensuite, tourne la page et réponds aux questions posées.

JEU DE MÉMOIRE : LE RÉFRIGÉRATEUR

Samuel peut-il emporter :
- une grappe de raisins ? . . . .
- des carottes ? . . . .
- six œufs ? . . . .
- quatre yogourts ? . . . .
- trois bananes ? . . . .
- cinq pommes ? . . . .
- une cuisse de poulet ? . . . .
- six boîtes de jus de pomme ? . . . .
- un morceau de fromage ? . . . .
- un carton de lait au chocolat ? . . . .
- un pain ? . . . .

Tous ces aliments se trouvent-ils en quantité suffisante dans le réfrigérateur ?

_____

LES 8 ERREURS DU DESSINATEUR

En recopiant son dessin pour le journal de l'école, Patrick se rend compte qu'il a commis 8 erreurs. Peux-tu les trouver ?

MOTS CODÉS : LE MESSAGE DE LA TORTUE

D'abord, tu dois résoudre les définitions qui te sont proposées, puis inscrire chaque lettre sur les tirets. Lorsque tu as obtenu toutes les réponses, reporte les lettres sur les tirets du message secret. Pour t'aider, sache qu'une lettre correspond toujours au même nombre.

1. Là où on apprend tous ensemble : $\overline{}\ \overline{}\ \overline{}\ \overline{}\ \overline{}$
   1 2 3 4 1

2. Elle s'occupe d'une classe : $\overline{}\ \overline{}\ \overline{}\ \overline{}\ \overline{}\ \overline{}\ \overline{}\ \overline{}\ \overline{}\ \overline{}\ \overline{}$
   1 5 6 1 7 8 5 9 5 10 1

3. Premier mois des vacances : $\overline{}\ \overline{}\ \overline{}\ \overline{}\ \overline{}\ \overline{}\ \overline{}$
   11 12 7 4 4 1 10

4. On la ressent pendant les vacances : $\overline{}\ \overline{}\ \overline{}\ \overline{}\ \overline{}\ \overline{}\ \overline{}$
   13 1 10 1 5 10 1

5. Ce qu'on nous dit quand on réussit : $\overline{}\ \overline{}\ \overline{}\ \overline{}\ \overline{}$!
   14 15 9 16 3

6. Matière enseignée à l'école : $\overline{}\ \overline{}\ \overline{}\ \overline{}\ \overline{}\ \overline{}\ \overline{}$
   17 15 9 5 2 9 7 6

7. On y met du sable : $\overline{}\ \overline{}\ \overline{}\ \overline{}$
   6 1 9 12

8. Poisson populaire au Canada : $\overline{}\ \overline{}\ \overline{}\ \overline{}\ \overline{}$
   18 3 15 12 1

9. Nous ne le sommes pas quand les vacances arrivent : $\overline{}\ \overline{}\ \overline{}\ \overline{}\ \overline{}\ \overline{}\ \overline{}$
   10 15 7 6 10 1 6

10. Petites vacances en mars ou en avril : $\overline{}\ \overline{}\ \overline{}\ \overline{}\ \overline{}\ \overline{}$
    19 9 20 12 1 6

Message secret :

« $\overline{}\ \overline{}\ \overline{}\ \overline{}\ \ \overline{}\ \overline{}\ \ \overline{}\ \overline{}\ \overline{}\ \overline{}\ \ \overline{}\ \overline{}\ \ \overline{}\ \overline{}\ \overline{}\ \overline{}\ \overline{},\ \overline{}\ \overline{}$
   15 7 1 5   5 1   6 1 15 10   13 1   5 9 8 1 15   7 4

$\overline{}\ \overline{}\ \overline{}\ \overline{}\ \ \ \ \overline{}\ \overline{}\ \overline{}\ \overline{}\ \overline{}\ \overline{}\ \overline{}\ \ \ \overline{}\ \ \ \overline{}\ \overline{}\ \overline{}\ \overline{}\ \overline{}»\ \ \ ,\ \ \overline{}$
   17 9 12 10   17 4 3 10 10 1 15   9   19 3 7 5 10   ,   9

$\overline{}\ \overline{}\ \overline{}\ \overline{}\ \overline{}\ \ \ \overline{}\ \overline{}\ \overline{}\ \ \ \overline{}\ \overline{}\ \ \ \overline{}\ \overline{}\ \overline{}\ \overline{}\ \overline{}\ \overline{}.$
   9 12 6 6 7   13 7 10   4 9   10 3 15 10 12 1

© Les éditions Héritage inc. 1997

LE MESSAGE DE LA PANCARTE

Loïc vient d'arriver au bord d'un petit lac tranquille où tout semble parfait. Il a bien l'intention d'y planter sa tente pour quelques jours. Pourtant, il ferait mieux d'essayer de comprendre ce que la pancarte veut dire sinon... quelques mauvaises surprises l'attendent. Peux-tu l'aider à déchiffrer le message de la pancarte ? Il suffit de copier les lignes des cases du haut dans les cases du bas correspondantes pour reconstituer le message.

	E2	C3	H3	B2	B6	H4	H2	B3
	C8	A8	B7	F5	E8	G8	H8	E7
	F8	E4	F7	E5	F6	C5	H1	E6
	C6	D1	F1	D5	C2	D8	G5	B1
	F4	H5	D6	E3	G3	A7 C7	G1
	G2	C4	B8	E1	G6	G4	D3	H7
	B4	D2	F3	G7	A4	B5	C1	A6
	A1	D4	A5 A3	H6	F2	D7	A2

	1	2	3	4	5	6	7	8
A								
B								
C								
D								
E								
F								
G								
H								

VOITURE EN MORCEAUX

Cette voiture a grand besoin d'être réparée. Peux-tu aider le garagiste ? Tu dois compléter les mots en plaçant aux bons endroits les groupes de trois lettres de la colonne de droite.

1 - R A ___ T E U R   ELE
2 - R E T R O V ___ U R   APO
3 - F ___ N S   DIA
4 - M ___ U R   MIS
5 - T R A N S ___ S I O N   OFF
6 - C E I ___ R E   ISE
7 - V ___ N T   REI
8 - C ___ R E   OLA
9 - C ___ T   NTU
10 - A C C ___ R A T E U R   OTE

 # "ÉNIGMATIQUES"

Dans cette grille comportant trente-six cases, tu dois placer six fois le signe X à six endroits différents. Attention, chaque rangée horizontale, verticale ou diagonale ne peut contenir qu'un seul X.

LES ÉNIGMES DU PÈRE PISTOU

Le père Pistou aime beaucoup faire réfléchir les jeunes. Il promet que si Charles et Sophie peuvent résoudre les énigmes qu'il leur propose, ils auront droit à un coquillage pour chaque bonne réponse. Celui qui aura amassé le plus de coquillages aura droit à une glace au chocolat! Combien de coquillages pourrais-tu obtenir?

1. « Dans le chalet de mon oncle Maurice, la température est en dessous du point de congélation. Il a devant lui de vieux journaux, du petit bois d'allumage, une lampe à l'huile et un foyer. Que devrait-il allumer en premier? »

2. « Je roulais à une vitesse normale jusqu'à ce que je me rende compte que j'étais en retard à un rendez-vous important. Alors, j'ai pris le tournant juste sur deux roues devant un policier qui me regardait mais qui ne m'a pas arrêté. Pourquoi? »

3. « Mes voisins ont cinq enfants dont la moitié sont des filles. Comment est-ce possible? »

4. « Comment est-ce possible pour mon frère d'avoir épousé la sœur de sa veuve? »

5. « Mon cousin Arthur a offert à sa femme un cylindre pour y mettre de la chair et du sang. Quel est cet objet? »

6. « En quelle année la fête de Noël et le jour de l'An ont-ils eu lieu la même année? »

© Les éditions Héritage inc. 1997

MOTS EN IMAGES : LES FRUITS

Quatorze noms de fruits se cachent dans cette grille de mots entrecroisés. Les petits dessins t'aideront à les identifier. Il y en a neuf à l'horizontale et cinq à la verticale. Une belle salade de fruits en perspective ! Les mots s'écrivent de gauche à droite et de bas en haut.

LES RESSEMBLANCES

Voici 10 suites de mots. Dans chacune d'elles, tu trouveras deux mots qui ont un sens très proche. Souligne-les.

1. MER MONTAGNE OCÉAN ARBRE SOLEIL

2. MYSTÈRE HISTOIRE SECRET FANTASTIQUE AMOUR

3. PLAGE SABLE PELLE GRÈVE CANARD

4. VOYAGEUR NAVIRE PASSAGER CAPITAINE CHAPEAU

5. COQUILLAGE VOILIER NUAGE CHEVAL BATEAU

6. TABLEAU LIVRE CRAIE VOLUME MAGIE

7. OUBLIÉ CHANGÉ FATIGUÉ PERCÉ ÉPUISÉ

8. MAISON CHANSON AVION DEMEURE ARBRE

9. CHAT CHIEN PLANCHER MATOU CRAYON

10. PROFESSEUR ENSEIGNANT POISSON HISTOIRE MUR

LES NOMBRES SANS OMBRE !

Voici des suites logiques de nombres. Inscris le bon nombre dans l'espace.
Exemple : 2 4 6 8 • (la réponse est 10, bien entendu)

2	4	8	•	32	
5	10	15	•	25	
2	5	8	11	•	17
4	8	12	•	20	
3	9	•	81	243	
2	7	12	17	•	27
3	9	15	•	27	
13	31	14	41	•	51

Tu les vois souvent sur la route et un peu partout ailleurs, dans les stationnements et autres lieux publics. Certains sont très connus et faciles à identifier. D'autres le sont moins. Peux-tu trouver la signification de tous ces panneaux routiers ?

1._____

2._____

3._____

4._____

5._____

6._____

7._____

8._____

9._____

10._____

11._____

12._____

© Les éditions Héritage inc. 1997

SUPERGRILLE
LES MOTS ENTRECROISÉS DU SUPERMARCHÉ

On trouve vraiment de tout au supermarché. Tous les mots contenus dans cette grille sont des articles que l'on peut y acheter. Il y a 19 mots horizontaux et 19 mots verticaux à placer. Certaines lettres sont déjà écrites pour t'aider. Un petit conseil, place d'abord les mots les plus longs. Ce sera plus facile ensuite.

Mots à placer :

3 lettres : riz - clé - jus - ail - sel - son - vin - sac - thé - eau

4 lettres : pâté - lait - fils - thon - miel - lime - oeuf

5 lettres : cafés - soupe - pains - huile - savon - poire

6 lettres : salade - orange - poulet - banane - ananas - salami
melons - viande - beurre

7 lettres : farines - citrons - poisson

8 lettres : chocolat - saucisse - céréales

PETITS POINTS : SOURIRE D'ÉTÉ

Il n'y a pas si longtemps, comme tous les petits, tu aimais dans doute découvrir un dessin en reliant des points les uns aux autres. En souvenir de ce bon vieux temps, nous te proposons de renouer avec ce jeu... mais en y ajoutant une (toute petite) difficulté. Il faut que tu effectues l'opération demandée puisque que c'est le résultat qui te permettra de passer d'un point à l'autre et de savoir où aller. Inutile de sortir ta calculatrice, c'est facile !

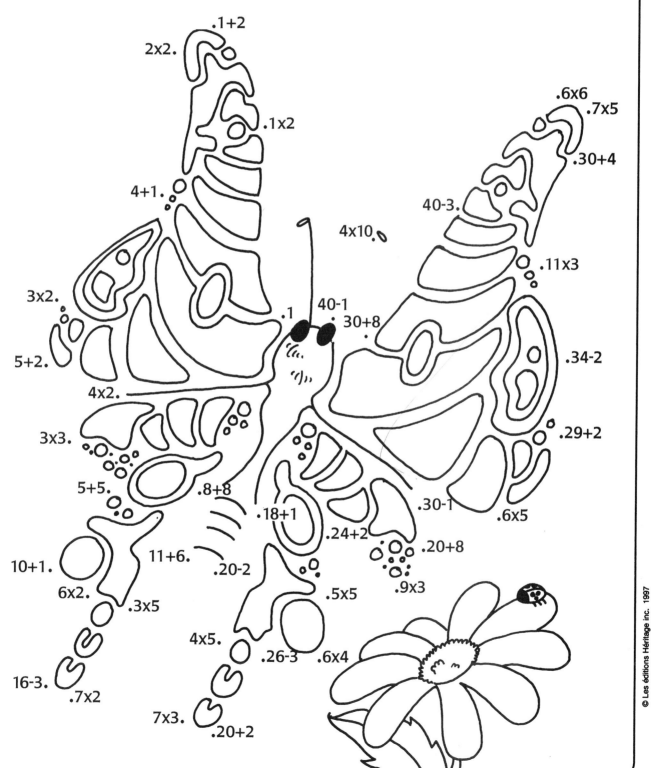

√x̄ CREUSE-CABOCHE

Voici des questions embêtantes qui te demanderont de te creuser les méninges.

1. Calcule : est-ce moins cher d'inviter un ami au cinéma deux fois ou deux amis au cinéma en même temps ?

_____

2. Le père Pistou doit payer 2 $ pour faire couper une bûche en deux. Combien devra-t-il payer pour la faire couper en quatre morceaux ?

_____

3. Eugène et monsieur Barbeau jouent aux dames durant neuf parties. Chacun en gagne le même nombre et il n'y a aucune partie nulle. Comment expliquer cela ?

_____

4. Un cheval est attaché à une corde de cinq mètres devant une épicerie. À sept mètres du cheval il y a une meule de foin et, sans briser sa corde, l'animal arrive à manger le foin quand il le désire. Comment est-ce possible ?

_____

5. Si un avion qui transporte une délégation de 200 athlètes s'écrase en Sibérie, où enterrera-t-on les survivants ?

_____

CASSE-TÊTE CHINOIS

L'écriture chinoise est très belle à regarder, car elle est dessinée tout autant qu'écrite. Voici comment les Chinois dessinent les nombres :

一　二　三　四　五　六　七　八　九　十　百　千　万

| 1 | 2 | 3 | 4 | 5 | 6 | 7 | 8 | 9 | 10 | 100 | 1000 | 10 000 |

Voilà ce que tu aurais pu lire sur un journal chinois le jour de Noël 1996 et le jour de l'an 1997. Tu remarqueras que les caractères chinois s'écrivent de haut en bas.

25 (2×10+5)

12 (décembre) (10+2)

1996
(1000-9×100-9×10-6)

1er (1)

1 (janvier) (1)

1997
(1000-9×100-9×10-7)

5 avril 1998	6 décembre 2000	12 janvier 1999	30 mai 2001
5	6	10	3x
4		2	10
1000	10x	1	
9x	2	1000	5
100		9x	
9x	2x	100	2x
10		9x	1000
8	1000	10	1
		9	

23 septembre 2010	17 novembre 2009	27 février 1900	3 mars 1992
2x	10	2x	3
10	7	10	3
3	10	7	1000
9	1	2	9x
2x	2x	1000	100
1000	1000	9x	9x
10	9	100	10
			2

28 avril 2043	9 juin 1788	14 juillet 1789	28 août 1890
2x	9	10	2x
10	6	4	10
8	1000	7	8
4	7x	1000	8
2x	100	7x	1000
1000	8x	100	8x
4x	10	8x	100
10	8	10	9x
3		9	10

LE QUIZ DES MOTS EN MAR

Tous les mots à trouver commencent par MAR. Peux-tu les compléter en t'aidant de la définition ? Ce n'est pas si facile que ça en a l'air.

1 - MAR _   Il a une épouse.

2 - MAR _   Elle fait partie du système solaire.

3 - MAR _ _   Il vit sur un bateau.

4 - MAR _ _ _   On y stationne les bateaux de plaisance.

5 - MAR _ _ _ _   Jeu populaire dans les cours de récré.

6 - MAR _ _ _ _   Très utile pour planter les clous.

7 - MAR _ _ _ _ _   Elle aime dormir.

8 - MAR _ _ _ _ _   Cendrillon en a une.

9 - MAR _ _ _ _ _   Mammifère marin voisin du dauphin.

10 - MAR _ _ _ _ _ _   Promotion, publicité, étude de marché, etc.

11 - MAR _ _ _ _ _ _   Délicieuse sur une tartine de pain.

12 - MAR _ _ _ _ _ _ _   Attention, il pique !

? LES CHARADES

1. Mon premier est une étendue d'eau salée,
    Mon deuxième se couche tard,
    Mon troisième se vend à la douzaine pour faire une omelette,
    Mon tout est fantastique.

    _____

2. Mon premier est un petit légume vert,
    Mon second est perçu par l'oreille,
    Mon tout nage dans un cours d'eau.

    _____

3. Mon premier se porte aux pieds,
    Mon deuxième est le repas du nourisson,
    Mon troisième se fait en nouant une corde,
    Mon tout est le plus gros mammifère du monde.

    _____

4. Mon premier se trace en marchant,
    Tous les animaux ont mon deuxième,
    Mon troisième n'est pas laid,
    Mon tout transporte de la marchandise sur l'eau.

    _____

5. Mon premier est une boisson chaude,
    Mon deuxième s'ajoute au premier en nuage,
    Mon troisième a du plaisir en anglais,
    Mon tout sert à parler à un ami au bout d'un fil.

    _____

"ÉNIGMATIQUES"

Voici une figure géométrique qui n'a pas l'air compliqué. Peux-tu la tracer sur une feuille sans revenir sur tes pas et sans lever ton crayon ?

 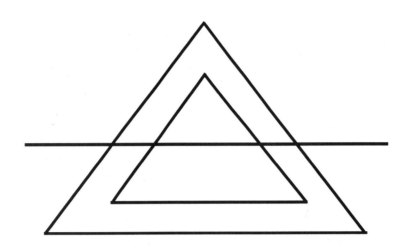

 PROVERBES EN DÉLIRE

Beaucoup de proverbes sont utilisés dans la vie de tous les jours. Les connais-tu assez pour remettre de l'ordre dans les énoncés qui suivent ? Tu peux aussi chercher ce qu'ils veulent réellement dire.

1 - À CHAQUE JOUR...   DIX DE RETROUVÉS.
2 - L'APPÉTIT...   N'A RIEN.
3 - BIEN FAIRE...   SUFFIT SA PEINE.
4 - UN DE PERDU...   S'Y PIQUE.
5 - LES MURS ONT...   LES GRANDS REMÈDES.
6 - LA NUIT, TOUS LES CHATS SONT...   SANS FEU.
7 - TOUT VIENT À POINT...   DANS LA NATURE.
8 - AUX GRANDS MAUX...   DES OREILLES.
9 - L'HABIT NE FAIT PAS...   N'AMASSE PAS MOUSSE.
10 - IL N'Y A PAS DE FUMÉE...   ET LAISSER BRAIRE.
11 - QUI S'Y FROTTE...   LE PRINTEMPS.
12 - PIERRE QUI ROULE...   VIENT EN MANGEANT.
13 - UNE HIRONDELLE NE FAIT PAS...   LE MOINE.
14 - TOUS LES GOÛTS SONT...   GRIS.
15 - QUI NE RISQUE RIEN...   À QUI SAIT ATTENDRE.

F... COMME FERME

Fabienne et François vivent à la campagne. L'été est une période très occupée pour tous les habitants de la ferme. Il s'y passe une foule de choses. Peux-tu identifier au moins 20 mots commençant par F sur ce dessin. Vingt mots, c'est facile.... 25, 30, 35, voilà qui est beaucoup mieux.

La partie est finie. Celui qui a le plus grand nombre de points gagne. L'as vaut douze points. Le roi, la reine et le valet valent onze points chacun. Pour les autres cartes, on compte la valeur indiquée (exemple : un sept vaut sept points).

Fais tous les calculs mentalement, sans poser les opérations. Es-tu capable de dire qui a gagné en moins de deux minutes ? Tu peux faire un concours de vitesse avec tes amis ou tes parents.

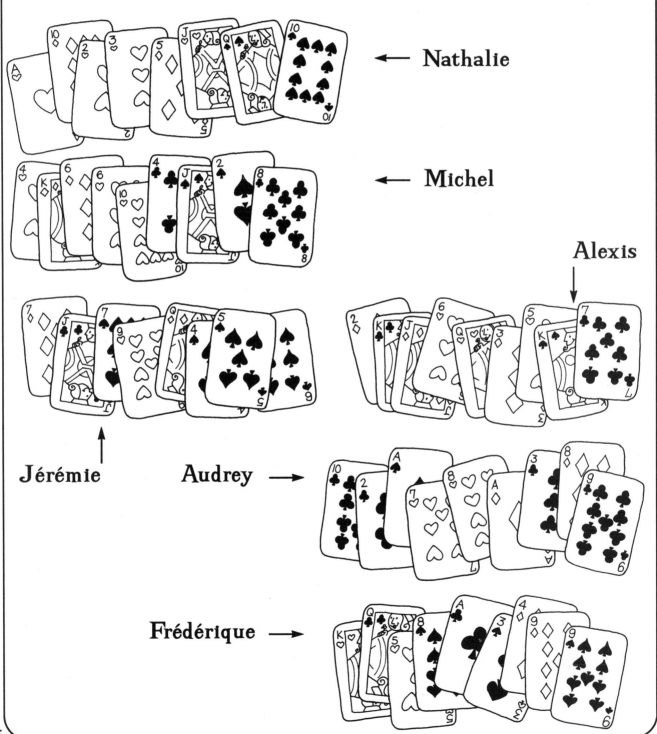

Voici un jeu plus compliqué qu'il n'en a l'air. Arme-toi d'un crayon et d'une règle et continue la frise commencée. Certains modèles sont plus difficiles que d'autres et il faut compter soigneusement les petits carreaux. Tu peux ensuite les colorier à ton goût.

Les boîtes :

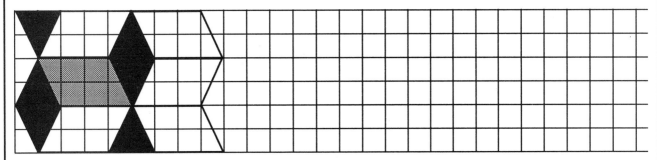

Le chat :

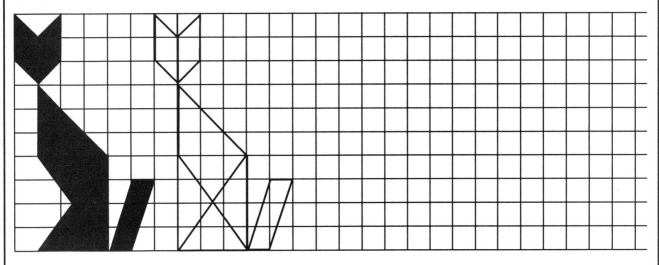

Les régates :

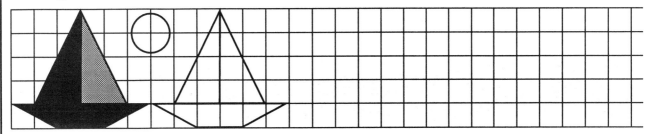

Face à face :

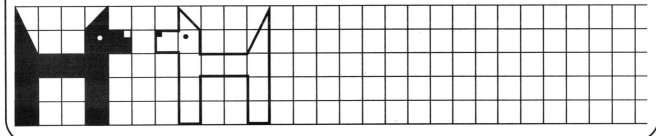

MOT MYSTÈRE : L'ÉTÉ

Voici une liste de mots à trouver dans la grille suivante. Ils sont placés à l'horizontale, à la verticale ou à la diagonale. Quand tu auras terminé, il te restera un mot de 7 lettres qui a rapport à l'été.

E	N	I	A	T	I	P	A	C	L	I	B	E	R	T	E
V	Q	E	H	C	A	L	E	R	P	M	E	D	H	S	T
A	O	U	R	E	P	I	T	E	A	A	E	O	A	A	E
C	C	S	I	E	T	E	T	T	C	T	I	R	L	I	M
A	E	T	E	P	M	L	E	O	E	L	T	X	T	S	P
N	A	I	R	A	A	L	N	N	E	V	E	R	E	O	E
C	N	I	R	H	O	G	T	E	G	A	Y	O	V	N	R
E	A	E	V	T	E	E	E	L	I	B	E	R	T	E	A
S	E	R	E	N	I	T	E	A	L	I	A	V	A	R	T
R	E	P	O	S	L	R	E	I	C	N	A	C	A	V	U
T	N	E	M	E	S	S	A	L	E	D	R	U	O	J	R
S	C	O	L	A	I	R	E	S	R	I	S	I	O	L	E

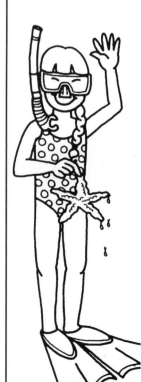

2 lettres : or
3 lettres : air - air - clé - été - été - mer
4 lettres : jour - paix - rêve
5 lettres : congé - halte - halte - océan - marée - répit - repos
6 lettres : détente - saison
7 lettres : liberté - liberté - loisirs - matelot - travail - voyage - relâche
8 lettres : équipage - scolaire - sérénité - vacances
9 lettres : capitaine - vacancier
11 lettres : délassement - température

Toute la famille Tremblay s'est installée pour les vacances au terrain de camping du Vert Vallon. L'endroit est très agréable mais il s'y passe plein d'étranges choses. Peux-tu trouver les douze détails qui clochent dans ce tableau de vacances ?

MOTS ENTRECROISÉS : LE CORPS HUMAIN

Place les 19 mots suivants dans la grille ci-dessus. Pour t'aider, commence par les plus longs !

4 lettres : œil - peau - yeux
5 lettres : cœur - crâne - genou - gorge
6 lettres : bouche - luette - visuel
7 lettres : cheveux - colonne - nerveux
8 lettres : cervelet - cheville - phalange
10 lettres : thoracique
13 lettres : physiologique

LE QUIZ DES MOTS EN CHE

 1

Peux-tu compléter tous les mots commençant par CHE en t'aidant de la définition ?
Certains mots sont faciles, d'autres moins.

1 - CHE _   C'est lui qui mène.

2 - CHE _   D'un prix élevé.

3 - CHE _ _   Arbre qui peut vivre plusieurs siècles.

4 - CHE _ _   On l'aime beaucoup.

5 - CHE _ _ _   Il faut le suivre si on veut aller quelque part.

6 - CHE _ _ _   De faible constitution.

7 - CHE _ _ _   Il peut être en bois.

8 - CHE _ _ _ _   Certains en ont beaucoup moins que d'autres.

9 - CHE _ _ _ _   Vêtement qu'on met très souvent.

10 - CHE _ _ _ _ _ _   Larve de papillon se nourrissant de végétaux.

11 - CHE _ _ _ _ _ _ _   Au Moyen-Âge, il participait aux tournois.

12 - CHE _ _ _ _ _ _ _   Mammifère de la famille des cervidés.

 # GÉNIES... SUR PELOUSE

 2

Voici dix questions pour éprouver tes connaissances. Pour chaque bonne réponse, compte 10 points. Si tu obtiens entre 80 et 100 points, tu es un génie; entre 60 et 80 points, tu es un as; entre 40 et 60 points, tu as fait des efforts; entre 0 et 40 points, tu dois lire davantage sur le sujet.

Sciences humaines

1. Quelles sont les couleurs du drapeau canadien ? _____

2. Que font les habitants de Hollande avec des sabots ? _____

3. Quel animal est l'emblème des États-Unis ? _____

4. Dans quel pays la reine Élizabeth II habite-t-elle ? _____

5. Quel pays Jacques Cartier a-t-il découvert ? _____

6. Qu'est-ce qui est populaire à Niagara Falls ? _____

7. Dans quel pays se trouve la Colombie-Britannique ? _____

8. Où se trouve la mer de la Tranquillité ? _____

9. Qu'a de spécial la tour de Pise ? _____

10. Comment s'appellent les habitants de la Norvège ? _____

LABYRINTHE

Benoît part faire une promenade à bicyclette avec ses amis. Sa mère s'aperçoit qu'il a oublié son casque protecteur... mais il est déjà loin. Peux-tu retracer l'itinéraire de Benoît en suivant le chemin formé uniquement de chiffres pairs, par des lignes verticales et horizontales seulement.

6	5	7	96	79	89	82	97	40	70	25	28
12	96	4	16	15	8	53	75	27	20	35	84
22	2	11	48	12	9	45	92	43	19	27	23
3	14	54	58	10	55	23	98	65	60	29	18
17	88	15	64	27	50	13	28	90	10	58	23
42	37	33	78	72	43	16	82	21	56	65	20
90	36	46	49	8	21	2	9	33	38	49	52
40	39	25	34	30	24	26	36	4	94	61	18
95	30	63	51	95	80	32	50	51	93	88	46
62	92	69	85	82	8	51	82	24	6	20	29

OBJETS CACHÉS : LES SECRETS DU JARDIN

Si tu regardes attentivement ce dessin, tu remarqueras qu'il s'y cache quinze objets qui ne devraient pas y être. Essaie de les trouver tous. Il y a un stylo, une lime à ongles, une règle, un cahier, une pipe, un savon, une lampe de poche, une aiguille, un dé à coudre, une bobine de fil, une chaussette, une cravate, une tasse, une soucoupe et une canne à pêche.

MATHS POUR LES DINGUES

Tu dois d'abord résoudre tous les problèmes et répondre, par un nombre, à toutes les questions qui te sont proposées. Ensuite, place tous les nombres obtenus EN ORDRE CROISSANT DE GRANDEUR (du plus petit au plus grand) en INSCRIVANT LA LETTRE CORRESPONDANTE du début de la question. En lisant de gauche à droite, un seul mot de 7 lettres t'apparaîtra.

Inscris-le ici : __ __ __ __ __ __ __

A. Nombre de jours en février lors d'une année bissextile =
B. L'âge légal pour voter au Québec =
C. Ce qu'on prononce quand le médecin nous ausculte =
D. Les ___ merveilles du monde =
E. Degrés d'un angle droit =
F. 48 + 12 + 4 divisé par 8 - 2 =
G. Les ____ provinces du Canada =
H. Un demi-centenaire =
I. La place du mois de novembre dans le calendrier =
J. 246 + 213 divisé par 3 + 7 divisé par 2 + 11 =
K. Un siècle = _____ ans =
L. L'aire d'un champ de 30 m x 40 m =
M. Les ____ Dalmatiens =
N. Date de l'Halloween =
O. L'aire d'un rectangle de 3 m x 5 m =
P. Les _____ doigts de la main =
Q. Nombre de mois dans 10 années =
R. 20 + 18 x 2 x 2 - 84 - 47 =

_____

les nombres en ordre croissant

_____

les lettres correspondantes

C... COMME CIRQUE

Combien d'objets commençant par un C peux-tu identifier sur ce dessin ? Si tu en trouves 20, ce n'est pas mal du tout. Si tu en trouves 25, tu es un bon observateur. 30 objets ? C'est excellent. 35 objets ? De mieux en mieux, tu es un vrai chef. Si tu en découvres davantage, tu es un véritable champion et tu possèdes beaucoup de vocabulaire. Nous en avons trouvé plus de 40. Qui dit mieux ?

Il y a vingt-quatre mots à placer dans cette grille. Tous ont un rapport avec ce texte très célèbre qui raconte l'histoire d'un homme et d'un petit garçon étranger qui se rencontrent dans le désert. Sois bien attentif aux définitions. Elles te donneront de nombreux indices pour trouver des mots.

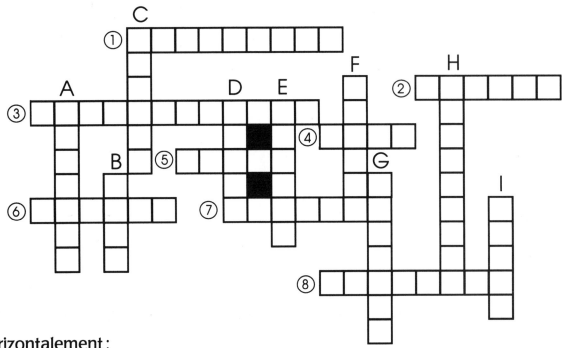

Horizontalement :

1 - L'auteur en a dessiné une pour le mouton.
2 - Nom du désert où se passe l'action.
3 - Nom de famille d'Antoine, l'auteur de cette histoire.
4 - En les regardant, le renard pense aux cheveux du Petit Prince.
5 - Véhicule que l'auteur répare dans le désert.
6 - Profession de l'auteur dans le livre et dans la vraie vie.
7 - Il est jaune et mince comme un doigt.
8 - Il allume des réverbères sur sa planète.

Verticalement :

A - Prénom de Saint-Exupéry, l'auteur de cette histoire.
B - La fleur du Petit Prince en est une.
C - Dessine-moi un ...
D - L'auteur y trouve de l'eau.
E - Le Petit Prince l'apprivoise.
F - Sur la planète du petit garçon, il y en a un éteint.
G - L'auteur les regarde en pensant au Petit Prince.
H - Le Petit Prince habite sur celui qui porte le numéro B-612.
I - Nom de la planète où le Petit Prince rencontre l'auteur.

LE CODE SECRET

Sophie et Jeanne aiment bien correspondre. Elles ne veulent pas que d'autres personnes puissent lire leurs messages. Alors, elles utilisent un code secret. À l'aide du tableau, place les lettres sur les tirets pour obtenir le message de Sophie.

Exemple : A1 = J   B1 = K

	1	2	3	4	5	6	7	8
A	j	i	s	f	m	o	p	e
B	k	a	x	n	c	u	d	z
C	t	l	b	r	q	g	v	h

— ‾‾ ‾‾   ‾‾ ‾‾ ‾‾ ‾‾   ‾‾ ‾‾   ‾‾ ‾‾ ‾‾ ‾‾ ‾‾ ‾‾ ‾‾

   A1 A8   A3 B2 A2 A3   A6 B6   B5 C4 A8 B6 A3 A8 C4

‾‾ ‾‾ ‾‾ ‾‾   ‾‾ ‾‾ ‾‾ ‾‾ ‾‾ ‾‾   ‾‾ ‾‾   ‾‾ ‾‾ ‾‾ ‾‾

A7 A6 B6 C4   C1 C4 A6 B6 C7 A8 C4   C2 A8   A7 C2 B6 A3

‾‾ ‾‾ ‾‾ ‾‾   ‾‾ ‾‾ ‾‾   ‾‾ ‾‾ ‾‾ ‾‾ ‾‾ ‾‾ ‾‾!

C6 C4 A6 A3   B7 A8 A3   C1 C4 A8 A3 A6 C4 A3

— ‾‾ ‾‾   ‾‾ ‾‾?

   A6 B6   B5 B2

— ‾‾ ‾‾   ‾‾ ‾‾ ‾‾ ‾‾ ‾‾ ‾‾   ‾‾ ‾‾ ‾‾   ‾‾ ‾‾ ‾‾ ‾‾ ‾‾ ‾‾ ‾‾!

   A3 A8   B5 C4 A8 B6 A3 A8 C4   C2 A8 A3   A5 A8 B4 A2 B4 C6 A8 A3

© Les éditions Héritage inc. 1997

CALCULS MAYAS

Originaires de l'Amérique centrale, les Mayas étaient très forts en mathématiques et en astrologie. Pour compter, ils utilisaient seulement trois signes avec lesquels ils pouvaient écrire tous les nombres qu'ils voulaient, même les plus grands.

Ils séparaient leurs nombres en deux parties, comme dans les exemples ci-dessous. Dans la partie du bas, ils inscrivaient les dizaines et, en haut, les centaines et plus.

Voici quelques exemples :

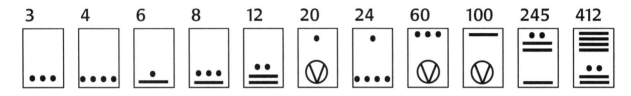

En t'aidant de ces exemples, peux-tu retrouver la logique de cette numération et écrire les chiffres suivants avec les signes mayas ?

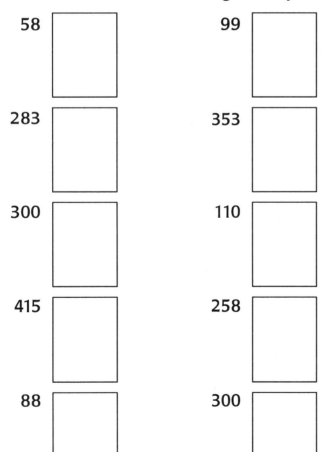

48

INCROYABLE MAIS VRAI : LES MAMMIFÈRES

Voici un petit questionnaire qui te permettra d'éprouver tes connaissances concernant les mammifères du continent nord-américain... et qui t'apprendra sûrement certains faits extraordinaires et peu connus. De quoi étonner tes amis!

1 - Elle aime parfois faire la course avec les voitures. Quelle est la vitesse de pointe de l'antilope d'Amérique?
    A - 93 km/h   B - 112 km/h   C - 128 km/h

2 - Combien reste-t-il de baleines boréales dans le monde?
    A - 100 000   B - 15 000   C - 4000

3 - Le castor construit des barrages plus ou moins longs. Quel est le record de longueur pour un de ces barrages?
    A - 375 m   B - 543 m   C - 820 m

4 - Même si c'est un animal très pacifique, le porc-épic sait se défendre. Combien porte-t-il de piquants sur son dos?
    A - 20 000   B - 30 000   C - 40 000

5 - Quel est le poids approximatif d'un panache d'orignal?
    A - 30 kg   B - 40 kg   C - 50 kg

6 - Quelle est la vitesse de pointe d'un lièvre d'Amérique?
    A - 30 km/h   B - 45 km/h   C - 55 km/h

7 - Le rat surmulot est très prolifique. Dans des conditions idéales, combien un seul couple pourrait-il avoir de descendants en trois ans?
    A - 500 000   B - 10 millions   C - 20 millions

8 - Combien de fois la mouffette rayée peut-elle asperger son adversaire avant que ses glandes ne soient vides?
    A - une fois   B - 2 ou 3 fois   C - 4 ou 5 fois

© Les éditions Héritage inc. 1997

Martine a écrit un message à ses élèves avec des cartons de couleur. Mais, un coup de vent a projeté toutes les lettres de son message par terre. Il ne reste que les trous formés par les clous. Elle te demande de l'aider à remettre les lettres au bon endroit. Veux-tu ?

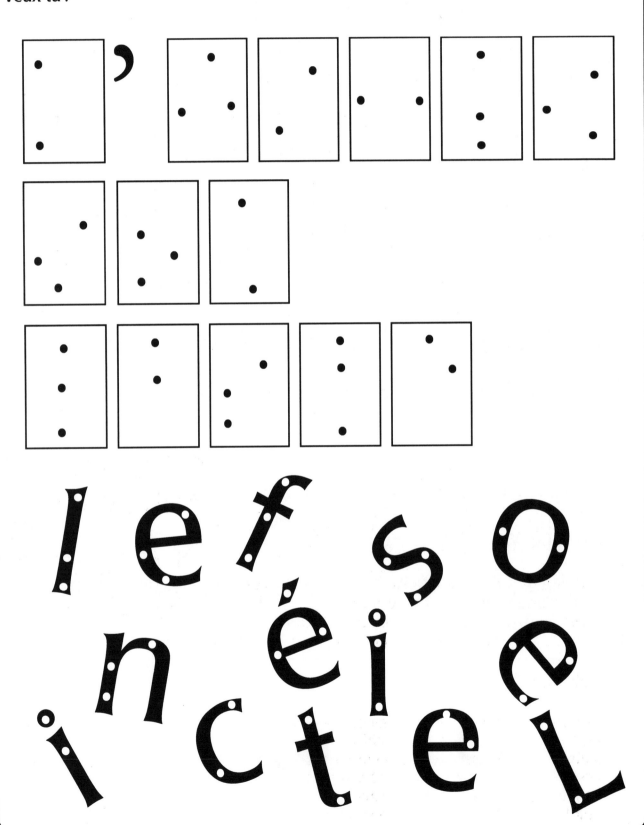

Il y a seize mots à trouver dans cette grille. Lis bien les définitions, elles te donnent de nombreux indices pour trouver ceux qui te manquent... même si tu n'as pas lu ce texte.

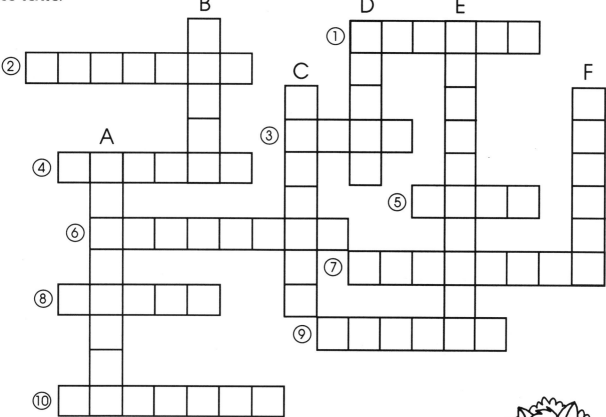

Horizontalement :

1 - Endroit où monsieur Seguin enferme sa chèvre.
2 - Il fait la cour à Blanquette dans la montagne.
3 - Il finit par manger toutes les chèvres.
4 - Nom de famille d'Alphonse, l'auteur de ce conte.
5 - Elle n'attend que ce moment pour mourir.
6 - Région de France où l'action se passe.
7 - Endroit où se sauve la chèvre.
8 - La langue du loup est de cette couleur.
9 - Blanquette s'en sert pour combattre le loup.
10 - Nom de la bique que le loup a mangée, juste avant Blanquette.

Verticalement :

A - Prénom de monsieur Daudet, l'auteur de ce conte.
B - Autre nom que l'on donne à la chèvre.
C - Couleur de la dernière chèvre de monsieur Seguin.
D - Lorsqu'elle est dans le clos, la chèvre en souffre.
E - Prénom de la petite chèvre blanche.
F - C'est l'histoire de cet animal que l'on raconte.

LES ÉTRANGERS

En prévision de l'exposition canine, Marie a préparé Muscade pour le grand prix. Afin de connaître l'endroit où conduire son chien, Marie doit lire les affiches. Cependant, les lettres des races de chiens ont été mélangées par un rigolo. Peux-tu aider Marie à les replacer ? Attention ! Parmi ces mots, il y en a un étranger aux autres. À toi de le découvrir.

LVREIER ISAMOSI

XBEOR LLCEOY

ICBOHN BRLADARO

NODAIS NCACIEH

LES CHARADES

1. Mon premier ordonne à quelqu'un de partir,
   Mon deuxième signifie «à quel moment»,
   Mon troisième est un démonstratif,
   Mon tout dure deux mois durant l'été.

   _____

2. Mon premier a six faces,
   On couche dans mon second en camping,
   Mon tout est permis durant les congés.

   _____

3. Mon premier se vend par groupe de deux,
   Mon deuxième suit la note ré,
   Mon troisième recevra les semences dans le champ,
   Mon tout est accordé par nos parents.

   _____

4. Mon premier sert à crier et à parler,
   Mon second signifie attacher,
   Dans mon tout, tu peux flotter sur la mer.

   _____

5. Mon premier signifie chapeau en anglais,
   Mon deuxième ne va pas vite,
   À cause de mon troisième, on fait de drôles de grimaces,
   Mon tout est le nom d'un océan.

   _____

LES MOTS POINTUS

Un proverbe connu se cache dans ces lettres pointues comme des épingles. Essaie de le déchiffrer. Une partie se lit horizontalement et l'autre partie se lit verticalement. Pour t'aider, tu peux placer le livre à la hauteur de tes yeux afin de réduire la longueur des lettres.

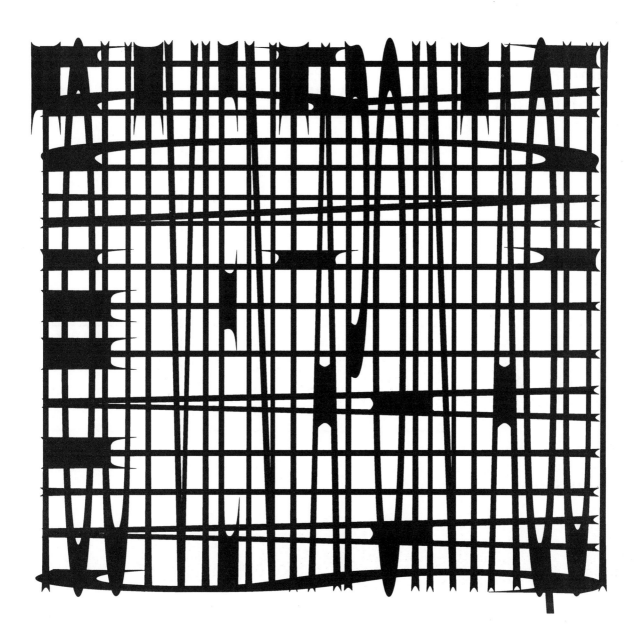

LES CATÉGORIES

Marc et ses amis s'amusent au jeu des catégories. Ensemble, ils déterminent cinq lettres et cinq catégories. Peux-tu les aider à remplir les 25 cases du jeu. Tu peux aussi y jouer avec tes amis. Tu obtiens alors 4 points pour chaque bonne réponse à la condition que le mot trouvé soit unique ou que tu sois le seul à l'avoir trouvé.

	T	V	R	S	M
Exemple: un objet usuel	TASSE	VERRE	RASOIR	SALIÈRE	MARTEAU
un mot qui contient un «H»					
un métier					
un mammifère					
une boisson					
un prénom ancien					

QU'EST-CE QUI CLOCHE ? AU JARDIN

Durant l'été, Martine jardine... tandis que Manu taquine le barbecue. Il n'ont pas l'air de s'en rendre compte mais bien des choses bizarres les entourent. Peux-tu trouver les douze détails qui ne collent pas dans cette illustration ?

L'inspecteur Locombo n'est pas très ordonné. Tout le monde sait ça. Il n'a pas d'agenda et a quelquefois bien du mal à s'y retrouver dans les petites notes qu'il sème partout. Peux-tu l'aider à reconstituer son emploi du temps en plaçant les feuillets qui suivent par ordre chronologique?

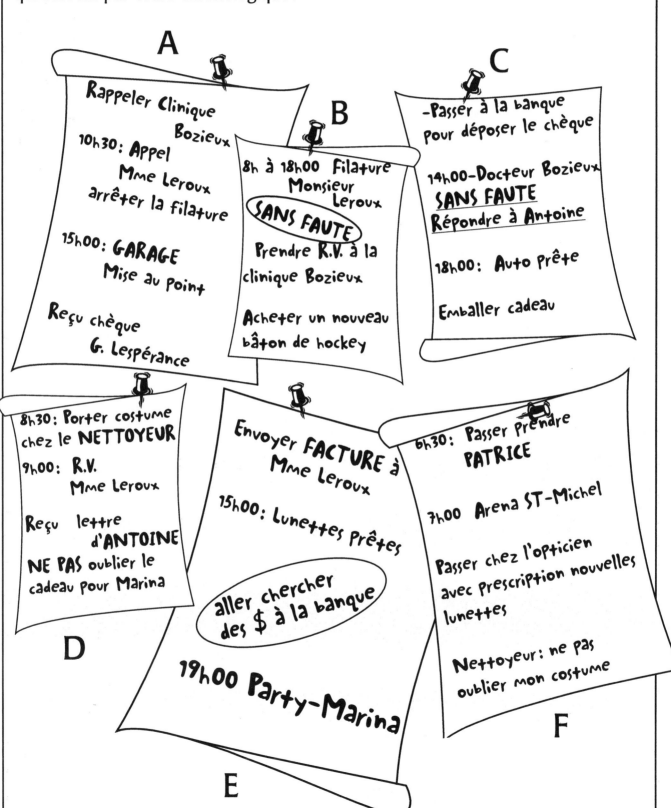

A

Rappeler Clinique Bozieux

10h30: Appel Mme Leroux arrêter la filature

15h00: GARAGE Mise au point

Reçu chèque G. Lespérance

B

8h à 18h00 Filature Monsieur Leroux
(SANS FAUTE)
Prendre R.V. à la clinique Bozieux

Acheter un nouveau bâton de hockey

C

-Passer à la banque pour déposer le chèque

14h00-Docteur Bozieux SANS FAUTE Répondre à Antoine

18h00: Auto Prête

Emballer cadeau

D

8h30: Porter costume chez le NETTOYEUR
9h00: R.V. Mme Leroux

Reçu lettre d'ANTOINE NE PAS oublier le cadeau pour Marina

E

Envoyer FACTURE à Mme Leroux

15h00: Lunettes Prêtes

(aller chercher des $ à la banque)

19h00 Party-Marina

F

6h30: Passer prendre PATRICE

7h00 Arena ST-Michel

Passer chez l'opticien avec prescription nouvelles lunettes

Nettoyeur: ne pas oublier mon costume

DU BON JUS D'ORANGE

Vincent voudrait un bon jus d'orange bien froid pour se rafraîchir. Pour l'obtenir, il doit traverser le labyrinthe en n'empruntant que les cases contenant deux mots qui forment une expression connue. Il peut aller de haut en bas, de gauche à droite mais pas en diagonale ni à reculons !

Voudrais-tu l'aider ?

POMME	CHAT	VEILLE	ROCHE	CHIEN	VERRE	CACAO
ROUGE	SANG	FROID	YEUX	PIERRE	SUCRE	LAIT
VILLE	GLOBE	TORTUE	EAU	MELON	TASSE	FARINE
ARBRE	MOUCHE	POIVRE	PELLE	MIEL	LUNE	LAPIN
CANARD	PAGE	SUCRE	MAGIE	BOSSE	QUARTIER	ORANGE
SINGE	SEL	SOLEIL	LIÈVRE	BULLE	BALLE	JUS

 # LES ÉTRANGERS

Sur le menu du restaurant *Bord de mer*, les boissons ont une drôle d'orthographe. En effet, les lettres ont été mélangées. Madame Latourtière les remet à l'endroit et se rend compte qu'il y a un mot qui est étranger aux autres. Saurais-tu dire lequel ?

BORD DE MER

NIV

TIAL

EHT

EREIB

BORD DE MER

UAE

ETRAT

EFAC

SUJ

© Les éditions Héritage inc. 1997

L'été, la vie n'est plus la même. Les vacances arrivent. On change d'habitudes et de paysages. On prend le temps de vivre. Cette supergrille comporte soixante-dix mots ayant tous un rapport avec l'été, trente-six à l'horizontale et trente-quatre à la verticale. Place d'abord les mots les plus longs car ils sont moins nombreux. Certaines lettres sont déjà écrites pour t'aider. Bonne route !

2 lettres : if - lu

3 lettres : ami - dos - épi - été - fil - jeu - jus - lac - mot - sec - sel - val - vie - vue

4 lettres : aras - bleu - camp - dodo - émet - élus - îles - îlot - œil - pied - rare - rêve - rire - sacs - sali

5 lettres : balle - barre - hôtel - jouer - livre - nuage - patio - piste - ramer - sucre - train

6 lettres : animal - averse - cactus - camper - jardin - native - oiseau - parler - pédalo - plage - soleil

7 lettres : bateaux - camping - maillot - piscine

8 lettres : barbecue - campagne - escalade - fauteuil - festival - lunettes - montagne - sandales

9 lettres : moustique - randonnée

10 lettres : bicyclette - cerf-volant - maringouin - pique-nique

PETITS POINTS : LE CERF-VOLANT

Isabelle tient un bien étrange cerf-volant que tu aimerais sans doute apercevoir toi aussi. Pour cela, examine bien les petits symboles devant chaque point. Retiens la lettre par laquelle ils commencent (ex. : P pour Pomme) et relie les points du dessin en respectant l'ordre alphabétique. C'est facile et ça te rappellera sûrement de bons souvenirs.

59

LES FRUITS EN FOLIE !

Dans les dix mots suivants se cache le nom de dix fruits. En changeant une seule lettre, tu pourras te faire... une bonne salade de fruits.

1. LAME   6. POMPE

    _____   _____

2. FELON   7. NOIRE

    _____   _____

3. RAISON   8. POCHE

    _____   _____

4. BANALE   9. NATTE

    _____   _____

5. GRANGE   10. FUGUE

    _____   _____

 # QU'EST-CE QUI VIENT ENSUITE ?

Bizarres, ces petits dessins? Tu te demandes sans doute ce qu'ils peuvent bien représenter. À toi de le trouver et de continuer cette suite logique. Un trait à la bonne place et le tour est joué !

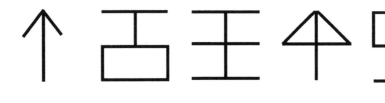

MOTS EN IMAGES : LE PANIER D'ÉPICERIE

C'est fou tout ce qu'on peut trouver dans le panier d'épicerie. Cette grille comporte vingt noms d'objets et d'aliments que l'on peut se procurer dans toutes les grandes épiceries : douze à l'horizontale et huit à la verticale. Les petits dessins te donneront leurs noms. Les mots s'écrivent de gauche à droite et de bas en haut.

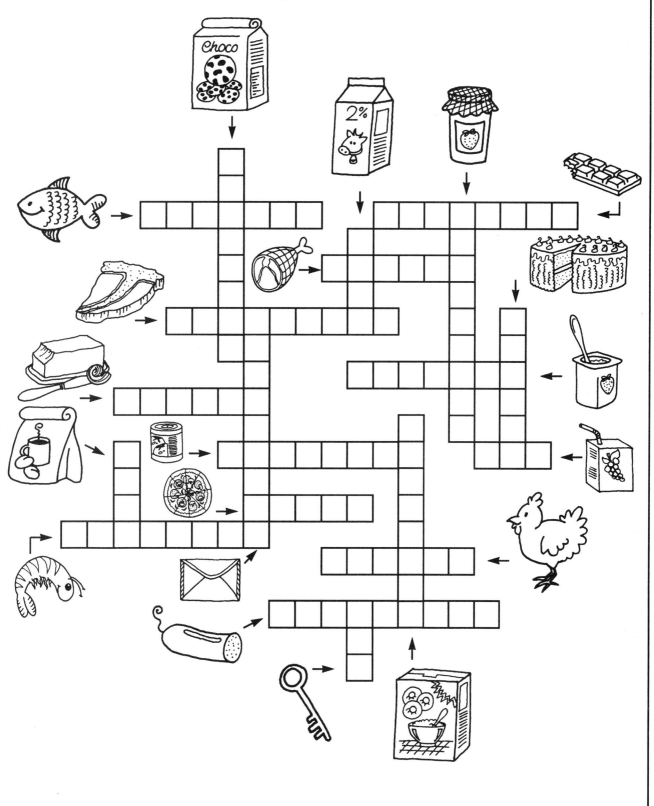

MÉLI-MÉLO : LES PREMIERS MINISTRES DU CANADA

Beaucoup de coquilles se sont glissées dans l'orthographe des noms des premiers ministres du Canada. Peux-tu les corriger ? En prime, les cases grises te donneront le nom d'une des grandes villes francophones du monde.

YUMEOLRN

NOPERAS

NEDIFEBEKAR

TASNIERNUALT

CEHNRITE

RALRUEI

DAETURU

KALCR

 # LE QUIZ DES MOTS EN SAL

Tous les mots de ce quiz commencent par SAL. Peux-tu les compléter en t'aidant de la définition ? Ce sont tous des mots que tu connais.

1 - SAL _   Le contraire de propre.

2 - SAL _ _   C'est surtout là qu'on regarde la télé.

3 - SAL _ _   Marque de politesse.

4 - SAL _ _   Décharge d'arme à feu.

5 - SAL _ _ _   C'est un mélange de légumes ou de fruits.

6 - SAL _ _ _   Délicieux dans les sandwiches.

7 - SAL _ _ _   On en a toujours dans la bouche.

8 - SAL _ _ _   Il y en a toujours un dans les westerns.

9 - SAL _ _ _ _   Ce qu'on reçoit quand on travaille.

10 - SAL _ _ _ _ _   On en a besoin pour servir la salade.

11 - SAL _ _ _ _ _ _ _   Vêtement très confortable apprécié des enfants.

12 - SAL _ _ _ _ _ _ _ _   Amphibien ayant la forme d'un lézard.

LE JARDIN EN FOLIE !

Pierre veut aller se chercher une tomate. Il doit, pour cela, traverser le jardin en marchant sur les cases qui contiennent une des lettres du mot «tomate». Il doit aller de haut en bas ou de gauche à droite, mais pas en diagonale; il ne doit pas non plus revenir sur ses pas. Peux-tu l'aider?

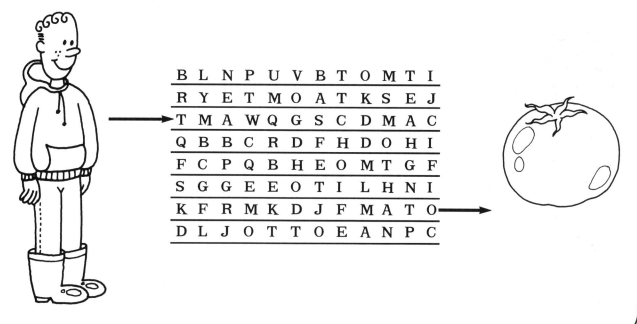

B	L	N	P	U	V	B	T	O	M	T	I
R	Y	E	T	M	O	A	T	K	S	E	J
T	M	A	W	Q	G	S	C	D	M	A	C
Q	B	B	C	R	D	F	H	D	O	H	I
F	C	P	Q	B	H	E	O	M	T	G	F
S	G	G	E	E	O	T	I	L	H	N	I
K	F	R	M	K	D	J	F	M	A	T	O
D	L	J	O	T	T	O	E	A	N	P	C

 # LES ÉTRANGERS

Le professeur Héron est un amateur d'oiseaux. Il a répertorié tous les oiseaux de la région et a écrit leur nom avec des nouilles en forme de lettres. Malheureusement, le chat Maboule a sauté sur les lettres et les a toutes mélangées. Peux-tu aider le professeur Héron à les replacer? Attention, il y a un mot étranger parmi les sept noms. Lequel est-ce?

RLMEE   NSNOPI

RDUHA   LLEHENOIRD

LEIRAPUN   ALNIRCAD

RDAREN

© Les éditions Héritage inc. 1997

LES TEXTES CÉLÈBRES : LES TROIS MOUSQUETAIRES

Il y a seize mots à trouver au sujet de cette histoire de cape et d'épée très célèbre. Les définitions donnent de nombreux indices pour trouver ceux qui te manquent... si tu n'as jamais lu le livre ou la bande dessinée ou vu les films. Un pour tous, tous pour un !

Horizontalement :

1 - Redoutable espionne anglaise engagée par Richelieu.
2 - C'est le quatrième des trois mousquetaires.
3 - Les mousquetaires de l'histoire en sont de très grands.
4 - Palais célèbre où vivait le roi Louis XIII et où se passe une partie de l'action.
5 - Nom de famille d'Alexandre, l'auteur de ce livre.
6 - Redoutable cardinal qui déteste la reine Anne.
7 - Prénom de l'amie de d'Artagnan et mot synonyme de fidélité.
8 - Soldat de cette époque aimant se battre à l'épée.

Verticalement :

A - Ami d'Athos et d'Aramis.
B - Capitale de la France où se passe une partie de l'action.
C - Ami de Porthos et d'Aramis.
D - Prénom de monsieur Dumas, l'auteur de cette histoire.
E - Prénom de la reine.
F - Le mousquetaire l'utilise pour se débarrasser de ses ennemis.
G - Époux d'Anne d'Autriche.
H - Ami de Porthos et d'Athos.

MOTS CODÉS : LE MESSAGE SECRET

D'abord, tu dois résoudre les définitions qui te sont proposées puis inscrire chaque lettre sur les tirets. Lorsque tu as obtenu toutes les réponses, reporte les lettres sur les tirets du message secret. Pour t'aider, sache qu'une lettre correspond toujours au même nombre.

1. L'eau y est salée : $\overline{}\ \overline{}\ \overline{}$
   $\quad\quad\ 1\ \ 2\ \ 3$

2. Fleur aquatique : $\overline{}\ \overline{}\ \overline{}\ \overline{}\ \overline{}\ \overline{}\ \overline{}\ \overline{}$
   $\quad\quad\quad\quad\ 4\ \ 2\ \ 4\ \ 5\ \ 6\ \ 7\ \ 8\ \ 3$

3. On en fait des châteaux : $\overline{}\ \overline{}\ \overline{}\ \overline{}\ \overline{}$
   $\quad\quad\quad\quad\quad\quad\quad\ 9\ \ 8\ \ 10\ \ 11\ \ 2$

4. Durant cette période, on part en voyage : $\overline{}\ \overline{}\ \overline{}\ \overline{}\ \overline{}\ \overline{}\ \overline{}$
   $\quad\quad\quad\quad\quad\quad\quad\quad\quad\quad\quad\ 12\ \ 8\ \ 13\ \ 8\ \ 4\ \ 13\ \ 2\ \ 9$

5. On y couche dans une tente : $\overline{}\ \overline{}\ \overline{}\ \overline{}\ \overline{}\ \overline{}\ \overline{}$
   $\quad\quad\quad\quad\quad\quad\quad\quad\ 13\ \ 8\ \ 1\ \ 6\ \ 14\ \ 4\ \ 15$

6. On peut le faire le matin quand on est fatigué : $\overline{}\ \overline{}\ \overline{}\ \overline{}\ \overline{}\ \overline{}$
   $\quad\quad\quad\quad\quad\quad\quad\quad\quad\quad\quad\quad\ 16\ \ 17\ \ 3\ \ 1\ \ 14\ \ 3$

7. Le Saint-Laurent en est un : $\overline{}\ \overline{}\ \overline{}\ \overline{}\ \overline{}\ \overline{}$
   $\quad\quad\quad\quad\quad\quad\quad\ 18\ \ 11\ \ 2\ \ 5\ \ 12\ \ 2$

8. Un repas pris dehors : $\overline{}\ \overline{}\ \overline{}\ \overline{}\ \overline{}\ -\ \overline{}\ \overline{}\ \overline{}\ \overline{}\ \overline{}$
   $\quad\quad\quad\quad\quad\quad\ 6\ \ 14\ \ 19\ \ 5\ \ 2\ \quad\ 4\ \ 14\ \ 19\ \ 5\ \ 2$

9. C'est une maison de toile : $\overline{}\ \overline{}\ \overline{}\ \overline{}\ \overline{}$
   $\quad\quad\quad\quad\quad\quad\ 20\ \ 2\ \ 4\ \ 20\ \ 2$

10. On en invente tout plein pour s'amuser : $\overline{}\ \overline{}\ \overline{}\ \overline{}$
    $\quad\quad\quad\quad\quad\quad\quad\quad\quad\quad\quad\ 21\ \ 2\ \ 5\ \ 22$

MESSAGE SECRET :

$\overline{}\ \overline{}\ \overline{}\ \overline{}\ \overline{}\ \overline{}\ \overline{}$ $\overline{}\ \overline{}\ \overline{}$ $\overline{}\ \overline{}\ \overline{}\ \overline{}\ \overline{}\ \overline{}\ \overline{}\ \overline{}$
11 17 3 9 19 5 2$\quad\quad$11 2 9$\quad\quad$12 8 13 8 4 13 2 9

$\overline{}\ \overline{}\ \overline{}\ \overline{}\ \overline{}\ \overline{}\ \overline{}\ \overline{}$' $\overline{}\ \overline{}\ \overline{}$ $\overline{}\ \overline{}\ \overline{}\ \overline{}$ $\overline{}\ \overline{}$
8 13 7 2 12 2 4 20' 21 8 14$\quad$7 8 20 2$\quad\quad$16 2

$\overline{}\ \overline{}\ \overline{}\ \overline{}\ \overline{}\ \overline{}\ \overline{}\ \overline{}\ \overline{}$ $\overline{}$ $\overline{}\ \overline{}\ \overline{}\ \overline{}\ \overline{}\ \overline{}$.
3 2 20 17 5 3 4 2 3$\quad\quad$8$\quad\quad$11 2 13 17 11 2.

ENFIN LIBRE !

Jacob visite une prison près de chez lui. Pour en ressortir, il devra traverser un labyrinthe et n'emprunter que les cases qui contiennent deux mots formant une expression connue. Il pourra aller de gauche à droite, de bas en haut mais pas en diagonale ni à reculons ! Que dirais-tu d'aider Jacob.

PRISON	FLEUR	JOIE	DANSE	FLAMME	OLYMPIQUE	JEUX
TEMPS	VERT	CŒUR	PIERRE	LANCE	ROUGE	SOCIÉTÉ
SEC	BRUIT	SANS	SANG	BLEU	CRÈME	RICHE
POULE	VEAU	DINDE	CHINOIS	THÉ	GLACÉ	BORD
PERLE	VIN	FARINE	RIZ	CLÉ	MUR	LIBRE
SON	BŒUF	BLANC	NEIGE	FLOCONS	AVOINE	CHAMP

GÉNIES... SUR PELOUSE

Voici dix questions pour éprouver tes connaissances. Pour chaque bonne réponse, compte 10 points. Si tu as entre 80 et 100 points, tu es un génie; entre 60 et 80 points, tu es un as; entre 40 et 60 points, tu as fait des efforts; entre 0 et 40 points, tu dois lire davantage sur le sujet.

Les animaux

1. Quelle expression «féline» utilise-t-on quand on veut connaître la réponse à une devinette ? _____

2. Quel oiseau ressemble à un homme en smoking ? _____

3. Qu'y a-t-il du côté pile d'une pièce de cinq cents canadien ? _____

4. Quel est le pays d'origine du kangourou ? _____

5. Qu'y a-t-il dans la bosse d'un chameau ? _____

6. Sur quoi est assis un joueur de polo ? _____

7. La baleine allaite-t-elle ses petits ? _____

8. Comment s'appelle la maison d'un lièvre ? _____

9. Quel animal est Idéfix ? _____

10. Qu'ont en commun les fourmis et les humains ? _____

 # LE BOUQUET DE BALLONS

Nicolas est né le 25 juin. Avant qu'il ne parte en vacances, son amie Karine a quelque chose de bien spécial à lui dire. Trouve le message qu'elle lui envoie sur le bouquet de ballons. Attention, ce texte te donne plusieurs indices importants.

LES CASES DE L'ONCLE TOM

Tu dois d'abord résoudre chacun des numéros de 1 à 8 en te servant des cases ci-dessous. Puis, en te servant des bulles sous chacun des nombres, inscris chaque lettre obtenue dans chacune des bulles du tableau en bas de page. Un message apparaîtra : certainement ta plus grande qualité !

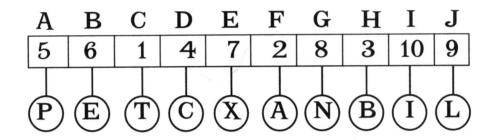

1. Additionne la case B et la case H et va porter le résultat dans la boîte « a ».

2. Soustrais la case B de la case G et va porter le résultat dans la case « b ».

3. Additionne la case D et la case C et va porter le résultat dans la case « c ».

4. Soustrais la case A de la case E et va porter le résultat dans la case « d ».

5. Prends le chiffre de la case C et va le porter dans la case « e ».

6. Multiplie la case A et la case F et va porter le résultat dans la case « f ».

7. Soustrais la case F de la case G et va porter le résultat dans la case « g ».

8. Multiplie la case D et la case F et va porter le résultat dans la case « h ».

9. Soustrais la case H de la case E et va porter le résultat dans la case « i ».

10. Même chose que n° 7, mais va porter le résultat dans la case « j ».

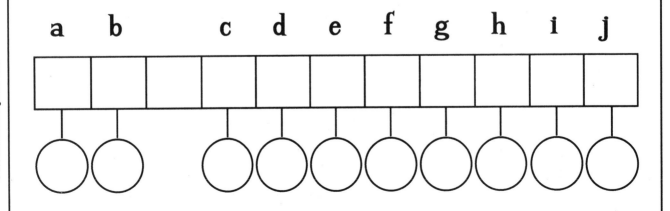

LES 8 ERREURS DU DESSINATEUR

Sophie a égaré le dessin qu'elle avait produit pour le concours organisé par le magasin d'articles de sport de son quartier. En le refaisant, elle a commis huit erreurs. Peux-tu les trouver pour elle ?

Philippe doit faire des mobiles avec des mots de vocabulaire pour suspendre dans sa classe. Ceux qu'il a déjà préparés sont trop lourds. Il doit enlever un mot de chaque groupe. Mais pas n'importe lequel : celui qui n'a aucun lien logique avec les autres. Peux-tu l'aider ?

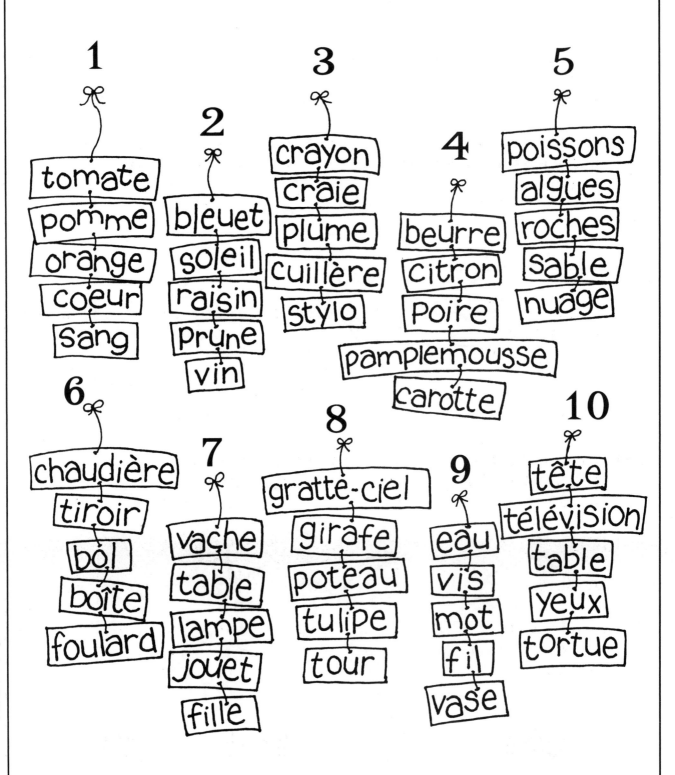

1
tomate
pomme
orange
coeur
sang

2
bleuet
soleil
raisin
prune
vin

3
crayon
craie
plume
cuillère
stylo

4
beurre
citron
poire
pamplemousse
carotte

5
poissons
algues
roches
sable
nuage

6
chaudière
tiroir
bol
boîte
foulard

7
vache
table
lampe
jouet
fille

8
gratte-ciel
girafe
poteau
tulipe
tour

9
eau
vis
mot
fil
vase

10
tête
télévision
table
yeux
tortue

INCROYABLE MAIS VRAI : LES INSECTES

Les insectes sont partout mais on sait relativement peu de choses à leur sujet. Voici quelques questions qui te permettront d'en connaître davantage et de poser des colles à tes parents ou à tes amis.

1 - Combien d'insectes y a-t-il pour chaque être humain sur la terre ?
  A : 50 000   B : 100 000   C : 200 000

2 - Combien de fleurs les abeilles doivent-elles butiner pour produire l'équivalent d'un pot de miel de 500 g ?
  A : 10 000 à 15 000   B : 20 000 à 40 000   C : 60 000 à 90 000

3 - Les points sur le dos des coccinelles n'indiquent pas leur âge mais l'espèce laquelle elles appartiennent. Combien y a-t-il d'espèces de coccinelles dans le monde ?
  A : plus de 3000   B : plus de 5000   C : plus de 10 000

4 - La puce domestique saute combien de fois par heure ?
  A : 1000 fois   B : 10 000 fois   C : 100 000 fois

5 - Tu as 639 muscles dans tout ton corps. Combien de muscles une chenille de 6 à 9 cm utilise-t-elle pour ramper ?
  A : plus de 1000   B : plus de 2500   C : plus de 4000

6 - En Amérique du Nord, combien y a-t-il d'espèces de guêpes et d'abeilles ?
  A : 450   B : 3300   C : 8500

7 - Les mouches domestiques ont des yeux composés de minuscules facettes hexagonales. Combien de facettes chaque oeil possède-t-il ?
  A : 1250   B : 4000   C : 10 000

8 - Les fourmis vivent plus longtemps que la plupart des autres insectes. Combien de temps peuvent-elles vivre ?
  A : 8 ans   B : 11 ans   C : 15 ans

9 - La cigale est un des insectes les plus bruyants. À combien de mètres à la ronde son chant s'entend-il ?
  A : 100 m   B : 200 m   C : 400 m

© Les éditions Héritage inc. 1997

Voici des suites logiques de lettres. Écris la bonne lettre dans l'espace.
Exemple : A B C D •   (la réponse est E, bien entendu)

M	•	O	P	Q			
A	C	E	•	I			
A	Z	B	Y	C	•		
A	B	E	F	I	J	M	•
M	O	Q	•	U			
A	B	C	B	•			
L	O	R	•	X			

? LES CHARADES

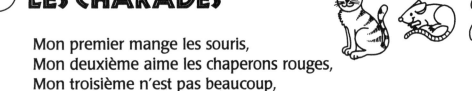

1.   Mon premier mange les souris,
Mon deuxième aime les chaperons rouges,
Mon troisième n'est pas beaucoup,
Avec mon tout, on utilise des rames.   _____

2.   Mon premier ne part pas,
Mon deuxième est indispensable à la vie,
Mon troisième est la place qu'on occupe dans la famille,
Mon tout offre un menu varié.   _____

3.   Mon premier reçoit l'enfant endormi,
Mon deuxième reçoit le bébé endormi,
Mon troisième se boit chaud ou glacé,
Mon tout est le désir de tout être humain.   _____

4.   Mon premier est déposé sur les épaules de grand-mère,
Mon second dure soixante minutes,
Mon tout nous est offert par le soleil d'été.   _____

5.   Mon premier est un petit grain de céréale,
Mon deuxième t'ordonne de partir,
Mon troisième amuse les enfants,
Mon tout permet aux enfants d'observer le mer et d'y jouer. _____

SUPERGRILLE : LES OISEAUX

L'été est la saison où l'on voit des oiseaux de toutes les sortes, tous plus intéressants les uns que les autres. Voici une supergrille pour éprouver ton sens de l'observation: 23 mots horizontaux et 19 mots verticaux à placer... tous des noms d'oiseaux. Attention, certains sont au pluriel, d'autres au singulier. Place d'abord les plus longs et raye-les de la liste au fur et à mesure que tu les as trouvés.

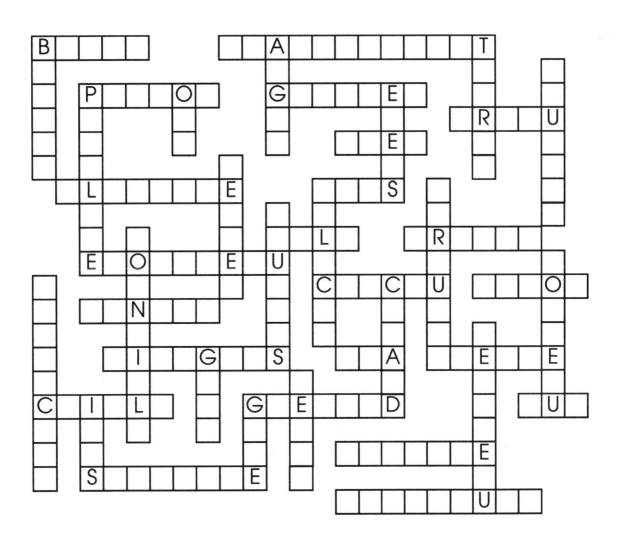

3 lettres : ara - duc - oie

4 lettres : geai - grue - ibis - pics - pies - râle

5 lettres : aigle - butor - émeus - héron - serin - urubu

6 lettres : busard - caille - canard - coucou - grives - merles - pigeon - pinson sterne - tourte

7 lettres : bruants - corbeau - goéland - grosbec - mésange - mouette - pélican

8 lettres : alouette - carouges - cigognes - paruline - perdreau - sittelle

9 lettres : corneille - coulicous - étourneau - perroquet

12 lettres : chardonneret

LES CARREAUX MANQUANTS

Au cours d'une visite au musée, Marie participe à un jeu présenté par un guide. Ce dernier demande aux enfants d'identifier les carreaux qui sont tombés d'une mosaïque très ancienne. Observe bien chacun des quatre carreaux suivants et écris la lettre et le chiffre correspondants.

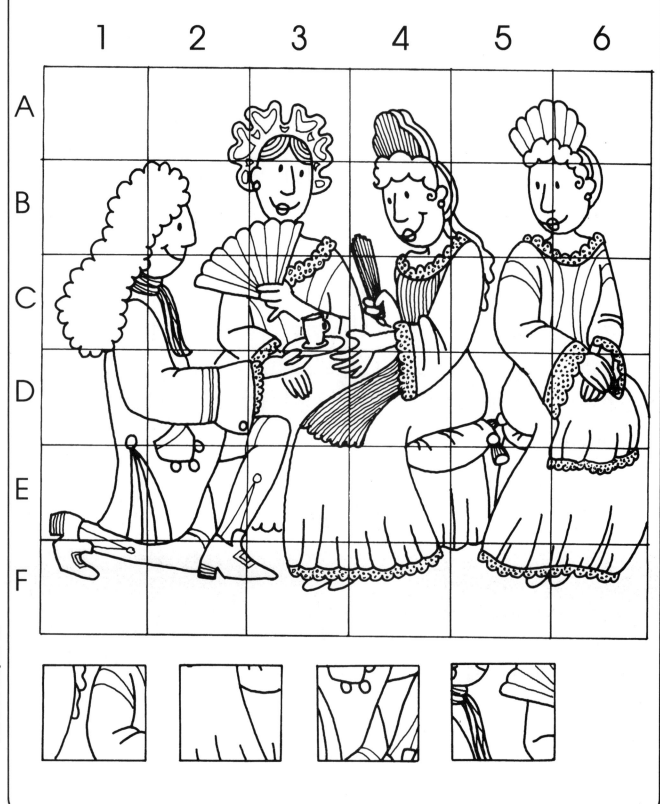

LE JEU DES ONOMATOPÉES

Les bruits qui accompagnent les illustrations ne sont pas à la bonne place. Peux-tu écrire le son correct pour chaque dessin ?

1. DRING DRING

2. SPLASH

3. GLOU GLOU

4. CHUT

5. VLAM

6. CROUCHE CROUCHE

7. OUIN

8. OUILLE

9. ATCHOUM

1. _____   4. _____   7. _____

2. _____   5. _____   8. _____

3. _____   6. _____   9. _____

© Les éditions Héritage inc. 1997

Cette forêt est bien étrange. On y voit des choses bizarres qui n'ont aucun sens dans ce décor. Essaie de les trouver toutes. Il y a un poisson, une guitare, une crevette, un hameçon, un arrosoir, une botte, un pneu, des lunettes de plongée, une palme de plongée, un maillot de bain, une raquette, un ballon de football, un téléphone, une cuisse de poulet et un morceau de fromage.

Tu as sans doute entendu quelques-unes des célèbres fables de cet auteur fameux. Voici une grille de mots entrecroisés qui servira à éprouver ta mémoire... ou ton sens de la déduction. Il y a vingt-quatre mots à trouver et les définitions te donnent de nombreux indices... même si tu ne connais pas toutes les fables dont il est question.

Horizontalement :

1 - Ce que fait maître Renard.
2 - La grenouille voulait être aussi grosse que lui.
3 - Il tenait en son bec un fromage.
4 - Il est très rusé.
5 - Il se courbe dans la tempête.
6 - Saison où la cigale chante.
7 - Elle espère emprunter quelques grains à la fourmi.
8 - Même si elle ne va pas vite, c'est elle qui a gagné.
9 - Elle voulait être aussi grosse que le bœuf.
10 - Ce grand arbre fut abattu par la tempête.
11 - Il emporta l'agneau pour le manger.
12 - Ce que fait la fourmi quand la cigale veut lui emprunter quelques grains.

Verticalement :

A - Elle passe l'été à se préparer pour l'hiver.
B - Le lièvre et la tortue en font une.
C - Le corbeau le tient dans son bec.
D - Même si c'est lui le plus rapide, il a perdu.
E - Prénom de monsieur de la Fontaine.
F - Le loup l'emporta dans le bois et le mangea.
G - Ce que fit le chêne dans la tempête.
H - Ce que fit le roseau dans le tempête.
I - Prénom de la laitière au pot au lait.
J - Ce que Perrette porte sur sa tête.
K - Ce que la fourmi réplique à la cigale.
L - La cigale l'a fait tout l'été.

LE QUIZ DES MOTS EN FOU

Peux-tu compléter les mots commençant par FOU en t'aidant de la définition ? Certains sont faciles, d'autres moins.

1 - FOU _   On y fait cuire le pain.
2 - FOU _ _   On l'utilisait autrefois pour corriger les chenapans.
3 - FOU _ _ _   Dangereuse pendant l'orage.
4 - FOU _ _ _   Ardeur enthousiaste et impulsive.
5 - FOU _ _ _   Petit insecte vivant en société.
6 - FOU _ _ _ _   Plante des bois à feuilles très découpées.
7 - FOU _ _ _ _   Se mêler de ce qui ne nous regarde pas.
8 - FOU _ _ _ _   On le porte autour du cou, surtout l'hiver.
9 - FOU _ _ _ _   Oiseau échassier qui ressemble à une poule d'eau.
10 - FOU _ _ _ _   Légère entorse.
11 - FOU _ _ _ _ _   Inspecter ses poches.
12 - FOU _ _ _ _ _   Désordre dans ta chambre.

GÉNIES... SUR PELOUSE

Nos héros

1. En français, quel nom donne-t-on aux trois neveux de Donald le canard ? _____

2. Contre qui Astérix et Obélix se bagarrent-ils bien souvent ? _____

3. Comment s'appellent les jumeaux policiers dans les aventures de Tintin ? _____

4. Combien de demi-sœurs avait Cendrillon ? _____

5. Combien de fois Aladin frottait-il sa lampe ? _____

6. Qui est l'ennemi numéro un des Schtroumpfs ? _____

7. Qui fut endormie par une pomme empoisonnée ? _____

8. Quel objet Guillaume Tell a-t-il posé sur la tête de son fils avant de le traverser (l'objet, pas le fils !) d'une flèche ? _____

9. Qui demeure au « pays imaginaire » ? _____

10. Quels héros avaient pour devise : « Un pour tous, tous pour un ! » ? _____

JEU D'IDENTIFICATION : LES SIGLES

Ils sont partout : sur les vêtements, sur les articles d'épicerie, sur le courrier que nous recevons, à la télévision, dans les journaux. On en voit certains dans les lieux publics. Es-tu capable de les identifier tous ?

1._____

2._____

3._____

4._____

5._____

6._____

7._____

8._____

9._____

10._____

11._____

12._____

Neuf questions pour éprouver tes connaissances au sujet des magnifiques oiseaux qui nous entourent. Ensuite, pose-les à tes amis.

1 - Combien un Harfang des neiges peut-il manger de souris ou de lemmings en une seule journée ?

A - 6 à 10 B : 10 à 14 C : 14 à 20

2 - Quelle est la vitesse en piqué du Faucon pèlerin ?

A : 100 km/h B : 250 km/h C : 500 km/h

3 - Quelle est la vitesse de pointe de l'Oie des neiges ?

A : 50 km/h B : 60 km/h C : 90 km/h

4 - Certaines Sternes arctiques migrent chaque année du Grand Nord à l'Antarctique. Combien parcourent-elles de kilomètres durant l'année ?

A : 15 000 km B : 20 000 km C : 35 000 km

5 - Le nid de la Sittelle à poitrine rousse est composé de mousse, de plumes et d'écorce. Combien de morceaux d'écorce a-t-on déjà trouvés dans l'un d'eux ?

A : 1000 B : 3000 C : 6000

6 - Lors de ses migrations, combien de kilomètres l'Hirondelle rustique peut-elle parcourir en une seule journée ?

A : 500 km B : 900 km C : 1250 km

7 - Grand amateur de fourmis, combien le Pic flamboyant peut-il en avaler en un seul repas ?

A : 5000 B : 10 000 C : 15 000

8 - Les ailes du Colibri à gorge rubis peuvent battre très vite. Combien de battements peuvent-elles faire à la seconde ?

A : 50 B : 75 C : 100

9 - Le Canard colvert peut vivre très vieux. Quel est le record de longévité pour un oiseau de cette espèce ?

A : 18 ans B : 29 ans C : 32 ans

V... COMME VACANCES À LA MER

Valérie et Victor sont à la plage. Il fait beau, il y a du monde partout et chacun pratique ses activités préférées. Examine le dessin et trouve au moins 20 mots commençant par V. Tu peux en trouver beaucoup plus.

Il y a vingt mots à trouver dans cette grille. Ils peuvent être écrits horizontalement, verticalement, obliquement ou encore à l'envers. Lorsqu'ils seront tous trouvés, il restera sept lettres pour former le mot mystère.

Un indice : On la ressent quelquefois en randonnée.

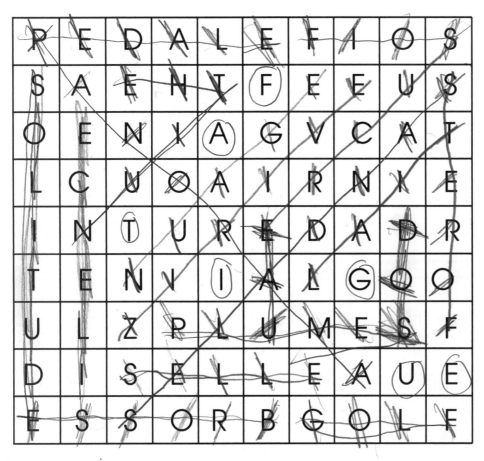

```
P E D A L E F I O S
S A E N T F E E U S
O E N I A G V C A T
L C U O A I R N I E
I N T U R E D A D R
T E N N I A L G O O
U L Z P L U M E S F
D I S E L L E A U E
E S S O R B G O L F
```

FATIGUE

Mots à placer :

brosse - dos - eau - forêts - golf - lait - nuage - nuit
panorama - pédale - plumes - rive - riz - sandales
selle - silence - soif - solitude - sucre - thé

LABYRINTHE

Traverse ce labyrinthe de lettres folles en épelant correctement les mots de la phrase : J'AIME LE CHANT DU HUART LE SOIR AU FOND DES BOIS.
Tu peux colorier le chemin, si tu veux.

LES SECRETS DU PHARAON

Chez les Égyptiens de l'Antiquité, il y avait un dessin différent pour écrire les unités, les dizaines, les centaines, les milliers, etc. Comme ceci :

| 1 000 000 | 100 000 | 10 000 | 1000 | 100 | 10 | 1 |

Exemple : 1 223 624 =

Le scribe du grand Ramsès a fait l'inventaire des richesses du pharaon. Aide-toi de l'exemple pour écrire comme le scribe.

1. Chameaux : 12 385

2. Barques   : 4 867

3. Sujets   : 1 395 650

4. Soldats   : 25 724

5. Esclaves   : 3 682

6. Palais   : 172

MOTS EN ALVÉOLES

Combien de mots peux-tu trouver dans cette grille en alvéoles ?

Tu peux commencer n'importe où, circuler d'une alvéole à l'autre dans n'importe quelle direction afin d'épeler ton mot. Tu peux aussi revenir sur tes pas et utiliser plusieurs fois la même lettre. Mais attention, tu n'as pas le droit de sauter par-dessus une alvéole pour former un mot (par exemple pour écrire le mot TAPIS) ou d'utiliser la même lettre deux fois de suite (comme dans FOLLE).

Tu vas sans doute identifier facilement plusieurs mots de trois et de quatre lettres. Ce sera plus difficile pour les mots plus longs. Nous avons trouvé neuf mots de cinq lettres, cinq mots de six lettres, un seul mot de huit lettres, deux mots de neuf lettres et un unique mot de dix lettres. Es-tu prêt ? Bonne chance, ce n'est pas facile !

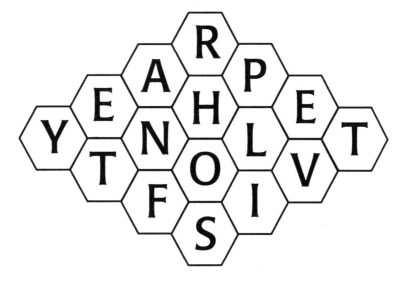

5 lettres	6 lettres	8 lettres	9 lettres	10 lettres
_____	_____	_____	_____	_____
_____	_____		_____	
_____	_____			
_____	_____			
_____	_____			
_____				
_____				

© Les éditions Héritage inc. 1997

MOTS CROISÉS : LES VACANCES

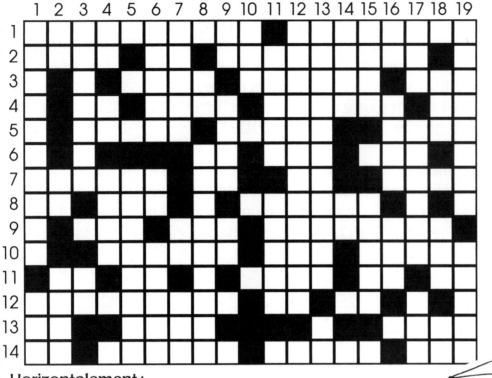

Horizontalement :

1. Pause entre deux cours à l'école - Longue pause en été (pluriel).
2. Façon d'être - Note de musique - Celui qui conduit un bateau.
3. Donna des armes à un soldat - Les garçons et les .... - Dessus.
4. 3.1416 - Observa en cachette - Se dit de surfaces unies - Symbole du fer.
5. Petites îles - La couleur verte en anglais - Petit de l'âne.
6. Avant do, après la - Abréviation de «sergent» - Diminutif de Florence.
7. On risque d'en rencontrer dans un safari - Métal brillant - Deux, en chiffres romains - Contribution d'un invité.
8. Troisième personne - Le Nouveau-Brunswick est de ce côté - Toute personne séparément.
9. Avion rapide - Pomme - Il a hâte d'être en vacances.
10. Elles sont au bout d'une canne à pêche - On n'y traîne pas la nuit - Dire, à la 2ᵉ personne du pluriel, impératif présent.
11. Non, en anglais - Rends-toi ! - Accessoire de cuir dans la bouche d'un cheval - Petit mot espagnol - Après sol, avant si.
12. On les escalade en vacances - Pronom personnel - Junior.
13. Extraterrestre qui aime les téléphones - L'envers de Noël - Dernières vacances de l'année.
14. Après do, avant mi - Grande ouverte - Beaucoup de jeunes y vont deux semaines pendant l'été - Saison préférée des amateurs de soleil.

Verticalement :

1. Exercice de détente - Océan.
2. Mot de lien - Pronom personnel - Quand elle est bonne, l'élève est fier de lui.
3. Endroit préféré des propriétaires de tentes - Pronom indéfini.
4. Sigle de la «Royal Trust» - 3ᵉ personne du singulier - Il faut parfois se pincer pour le vérifier.
5. Se dit d'une activité qui se déroule l'été.
6. Période de repos - Saint - Il misa une somme d'argent.
7. Il est indispensable qu'il soit beau pour faire un pique-nique - Année - Refus.
8. Mammifère paresseux - Évaluent en soulevant.
9. Ancienne langue - Faire une action - Terminaison 2ᵉ personne singulier.
10. Nouvelle Association Fédérale (sigle).
11. Récipients pour fumer ou faire des bulles - Idoles.
12. Endroit de séjour pour les touristes.
13. Deux océans jumeaux - Avant -midi.
14. Ville de France - United Dominion.
15. Facile - Canard.
16. Consonnes jumelles nasillardes - Pas propre - Laisse une odeur forte dans la bouche.
17. Adjectif démonstratif - S'amusent - Il inventa le premier zoo flottant.
18. OVNI en anglais - Celui-ci ou celui-là - Conjonction.
19. On la ressent quand on n'a aucun problème - Les enfants adorent en faire des châteaux.

C'est l'été! Toute la famille se retrouve pour une repos bien mérité autour de la piscine. Pourtant, il y a douze détails qui clochent dans cette scène paisible. Peux-tu les identifier tous?

Il y a quatorze noms de bestioles diverses que l'on voit surtout l'été, à trouver dans cette grille. Ils peuvent être écrits horizontalement, verticalement, obliquement ou encore à l'envers. À la fin, il restera sept lettres pour former le nom d'un insecte qui bourdonne.

E	L	L	E	R	E	T	U	A	S
C	I	G	A	L	E	C	R	T	C
T	A	O	N	R	I	A	B	O	O
V	O	U	M	R	I	R	D	G	R
E	O	I	B	G	P	O	U	R	P
R	T	M	N	P	U	C	E	A	I
E	O	E	G	U	E	P	E	C	O
L	E	S	I	A	N	U	P	S	N
L	I	B	E	L	L	U	L	E	N

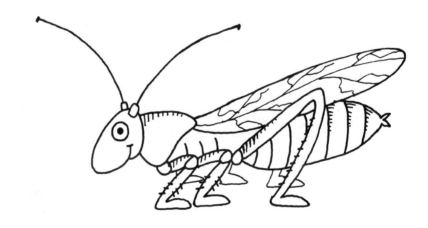

Mots à placer :

araignée - cigale - escargot - guêpe - libellule

lombric - pou - puce - punaise - sauterelle - scorpion - taon - termite - ver

RÉBUS RIGOLOS

Connais-tu les rébus ? Chaque syllabe d'un mot est représentée par un petit dessin. Amuse-toi à retrouver le mot et écris-le au bout de la ligne. Tu peux aussi essayer d'en inventer d'autres.

♪ + 🛏 + 🌍 = _ _ _ _ _ _ _ _

🐱 + 🏺 = _ _ _ _ _ _

🥣😮 + (3+4) = _ _ _ _ _ _ _ _

😄 + 🐑 = _ _ _ _ _

✝ + 💉 = _ _ _ _ _ _ _

🐀 + 😮 + 🚰 + 🛏 = _ _ _ _ _ _

🍺 + 👕 = _ _ _ _ _ _ _ _

🥛 + 🚰 + 🥧 = _ _ _ _ _ _

11ᵉ lettre de l'alphabet + 😄 + 🍲 = _ _ _ _ _ _ _

⛏ + 🐄 + 🚰 + K = _ _ _ _ _ _

© Les éditions Héritage inc. 1997

Pour voyager d'un endroit à l'autre, tu as l'embarras du choix. On n'utilise pas toujours le même moyen de locomotion : tout dépend de ce que l'on fait. Peux-tu compléter les mots en plaçant aux bons endroits les groupes de trois lettres de la colonne de droite ?

1 - T _ _ _	ATE
2 - _ _ _ O N	OIT
3 - M _ _ _	CTE
4 - V _ _ _ U R E	USE
5 - W _ _ _ N	AXI
6 - S O U S - _ _ _ I N	AVI
7 - C _ _ _ O N	OTO
8 - F _ _ _ E	AMI
9 - T R A _ _ _ U R	MAR
10 - B _ _ _ A U	AGO

GÉNIES... SUR PELOUSE

Voici dix questions pour éprouver tes connaissances. Pour chaque bonne réponse, compte 10 points. Si tu obtiens entre 80 et 100 points, tu es un génie; entre 60 et 80 points, tu es un as; entre 40 et 60 points, tu as fait des efforts; entre 0 et 40 points, tu dois lire davantage sur le sujet.

Les sports

1. Au hockey, quand la lumière rouge s'allume-t-elle ? _____

2. Comment nomme-t-on le carré de tissu sur lequel est inscrit le numéro de l'athlète aux Jeux olympiques ? _____

3. Qu'est-ce qui est permis dans un sport de contact ? _____

4. À quel jeu d'équipe lance-t-on un ballon au-dessus d'un filet ? _____

5. À quel sport utilise-t-on un volant ? _____

6. Quelles sont les trois médailles aux Jeux olympiques ? _____

7. Comment appelle-t-on un match qui se termine avec un nombre égal de points de chaque côté ? _____

8. Comment s'appelle l'équipe de la LNH à Montréal ? _____

9. À quel sport utilise-t-on des fers et des bois ? _____

10. Quel style de nage pratiquent les nageurs de style libre ? _____

JEU D'IDENTIFICATION : PICTOGRAMMES EN FOLIE

Les pictogrammes suivants n'existent pas! Nous les avons inventés pour ton plaisir et le nôtre et tu peux laisser courir ton imagination et ta fantaisie pour leur trouver une signification. Nous leur avons donné des dénominations précises mais tu peux en trouver d'autres... encore plus amusantes. À toi le dernier mot!

1._____

2._____

3._____

4._____

5._____

6._____

7._____

8._____

9._____

10._____

11._____

12._____

© Les éditions Héritage inc. 1997

EXPRESSIONS EN DÉLIRE

On utilise une foule d'expressions dans notre vie quotidienne. Celles qui suivent sont écrites sur des panneaux, dans les lieux publics ou dans les journaux. Avec un petit effort de logique, tu parviendras sans peine à reconstituer ces petites phrases qui sont plutôt bizarres dans leur état actuel.

1 - ACHETEZ MAINTENANT...	OU ARGENT REMIS.
2 - ATTENTION...	AUTOUR DE LA PISCINE.
3 - SATISFACTION GARANTIE...	DANS LA POUBELLE.
4 - JETEZ VOS DÉCHETS...	PAYEZ PLUS TARD.
5 - NE PAS BLOQUER...	LA DOSE PRESCRITE.
6 - PRIÈRE DE...	FUMER.
7 - NE PAS STATIONNER DEVANT...	VOTRE CEINTURE.
8 - NE PAS DÉPASSER...	ON TOURNE.
9 - INTERDIT DE COURIR...	CHIEN MÉCHANT.
10 - DÉFENSE DE...	LAISSER LES LIEUX PROPRES.
11 - SILENCE...	LA PORTE.
12 - ATTACHEZ...	LA FERMETURE DES PORTES.

QU'EST-CE QUI VIENT ENSUITE ?

Voici une petite suite logique qui te demandera de penser autrement. Regarde bien les dessins qui accompagnent chacun des chiffres et essaie de trouver quel est celui qui convient au nombre dix.

1
UN

DEUX

TROIS

DIX

QUATRE

CINQ

SIX

SEPT

HUIT

NEUF

SUPERGRILLE : LES MAMMIFÈRES

Il y a une belle diversité de mammifères dans la nature. Voici une grille qui te permettra de placer quarante noms : vingt à la verticale et vingt à l'horizontale. Certains sont au pluriel, d'autres au singulier. Pour que ce soit plus facile, place d'abord les noms les plus longs ou encore ceux qui comportent des lettres rares comme W, Y ou X. Barre-les au fur et à mesure que tu les écris.

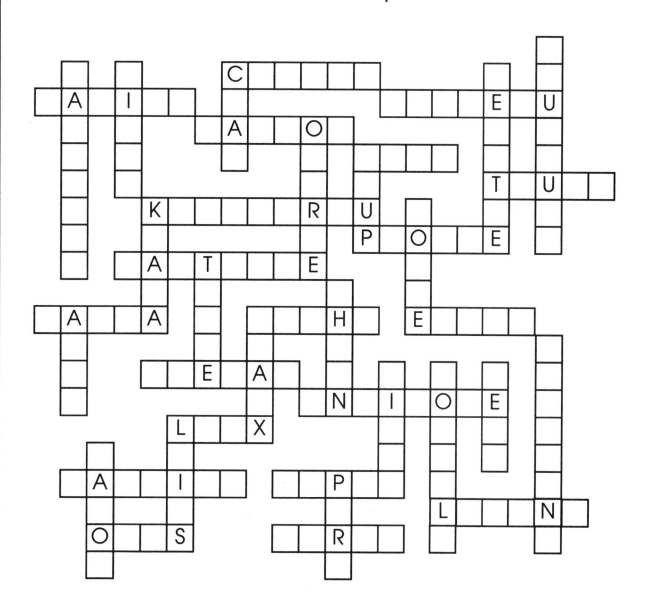

4 lettres : ânes - cerf - chat - lion - loup - lynx - ours - porc
5 lettres : bison - chien - élans - goret - koala - lapin - loirs - morse - panda - raton
        taupe - tigre - vache - veaux - vison
6 lettres : castor - cheval - chiots - lapine - otarie - phoque - wapiti
7 lettres : baleine - belette - chameau - gorille
8 lettres : antilope - dauphins - écureuil - marmotte - panthère
9 lettres : kangourou

Quinze objets ont été oubliés autour du chalet. Essaie de les retrouver tous. Il y a un râteau, une bêche, une tasse, une canne, un parapluie, des lunettes, un journal, un cornet de crème glacée, un crayon, une fourchette, un couteau, un coussin, un marteau, un avion et une bouteille.

LE CODE SECRET

Patrick a écrit une lettre à son ami Fabien. Pour que sa petite sœur ne puisse pas lire son message, Patrick a inventé un code secret. À l'aide du tableau ci-dessous, peux-tu décoder son message ?

	1	2	3	4	5	6	7	8
A	l	b	g	c	k	j	q	p
B	a	t	h	n	r	d	u	z
C	m	f	i	s	o	e	v	y

__ '   __ __ __   __ __ __ __   __ __ __   __ __

A6   B1 C3   B3 B1 B2 C6   A7 B7 C6   B2 B7

__ __ __ __ __ __   __ __ __ __   __ __ __.

B1 B5 B5 C3 C7 C6 C4   A4 B3 C6 B8   C1 C5 C3

__ __ __ __   __ __ __ __ __   __   __ __   __ __ __.

B4 C5 B7 C4   C3 B5 C5 B4 C4   B1   A1 B1   C1 C6 B5

On parle souvent des pays du continent africain dans les journaux ou à la télévision, bien souvent à cause des guerres ou des famines. Peux-tu retrouver certains de ces pays dans le méli-mélo qui suit. Dans les cases grises, tu trouveras le nom d'une grande île située au sud-est de l'Afrique. Tu peux t'aider en consultant un atlas ou une carte géographique.

NIMABEI

EARIZ

WADANR

LOSAMIE

PEGETY

LOGANA

GESALEN

ROMCA

DTCAH

AGILERE

LES ÉNIGMES DU PÈRE PISTOU

Le père Pistou part faire une randonnée en voilier. Il y a de la place pour un passager seulement. Il décide d'embarquer celui ou celle qui répondra correctement aux énigmes suivantes. Si tu veux faire cette balade en mer, essaie d'y répondre.

1. « Mes enfants et moi avons décidé de racler les feuilles sur la pelouse. Mes enfants ramassent six tas de feuilles et moi, j'en ramasse trois. Quand nous les mettrons tous ensemble, combien de tas de feuilles y aura-t-il ? »

2. « Ma voisine, madame Besner, trouva Bisbille couchée sur le parquet dans une flaque d'eau et des éclats de verre. Lorsque le docteur Guérin arriva sur les lieux, il déclara celle-ci morte. Bisbille n'avait aucune coupure sur le corps. Qu'est-ce qui avait causé sa mort ? »

3. « Mon cousin et son épouse ont six garçons et chacun a une sœur. Combien de personnes y a-t-il dans la famille ? »

4. « Celui qui le fabrique n'en veut pas ; celui qui l'achète ne s'en sert pas et celui qui l'utilise ne le sait pas. De quel objet s'agit-il ? »

5. « On jette ce qu'il y a à l'extérieur et on fait cuire ce qu'il y a à l'intérieur. Puis, on mange l'extérieur et on jette l'intérieur. De quel aliment s'agit-il ? »

6. « Le magicien Cloutier annonça qu'il allait, sans aucun équipement, marcher sur la surface du lac Rond. Le dimanche suivant, devant une foule nombreuse, il réalisa son exploit. Comment a-t-il réussi ? »

© Les éditions Héritage inc. 1997

√x "ÉNIGMATIQUES"

Dans ces alvéoles hexagonales, seuls les chiffres extérieurs sont inscrits. Tu dois trouver les chiffres manquants pour que la somme des six chiffres de chaque alvéole soit 29. L'alvéole intérieure doit, elle aussi, arriver à un total de 29.

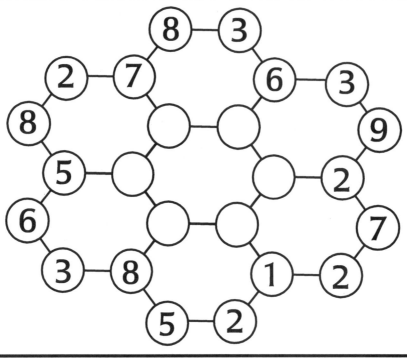

LES ANIMAUX CACHÉS

Douze animaux se sont cachés dans les deux phrases suivantes. Attention ! Tu dois lire une à une les lettres pour les découvrir parce que parfois, ils sont bien cachés. Le premier est souligné. Combien en trouveras-tu ?

IL LUI REPRO<u>CHA</u> TOTALEMENT LA PINGRERIE DE
LA MARRAINE D'ANETTE MAIS ACHEVA LES
CRITIQUES AUSSITÔT.

ELLE S'EN VA CHEZ EBREÏM D'OÙ LOULOU PARTIRA AVEC
MOI ET SON FRÈRE POUR LEISING ET
LONDRES, HABITANT UNE CHAMBRE BISCORNUE.

JEUX DE MÉMOIRE : LE FOUILLIS D'AMÉLIE

Amélie part demain matin pour une randonnée pédestre de plusieurs jours. Il faut qu'elle prépare ses bagages au plus vite mais sa garde-robe est un véritable fouillis. Regarde bien le dessin pendant une minute. Attention, tu n'as pas le droit de prendre des notes. Ensuite tourne la page et réponds aux questions posées.

JEUX DE MÉMOIRE : LE FOUILLIS D'AMÉLIE

La garde-robe d'Amélie contient-elle :

- un sac à dos ? . . . .
- un sac de couchage ? . . . .
- un matelas pneumatique ? . . . .
- une brosse à cheveux ? . . . .
- une brosse à dents ? . . . .
- une gamelle ? . . . .
- un thermos ? . . . .
- un chandail ? . . . .
- des lunettes de soleil ? . . . .
- une fourchette ? . . . .
- un couteau ? . . . .
- une cuillère ? . . . .
- un maillot de bain ? . . . .
- un tube de lotion solaire ? . . . .
- une paire de chaussettes ? . . . .

Tous ces objets se trouvent-ils dans la garde-robe d'Amélie ?

PLUS OU MOINS... DE LETTRES

Voici des mots que tu dois additionner les uns aux autres. Puis, tu dois ensuite retrancher les lettres des mots qui sont soustraits. À la fin, tu obtiendras les lettres du mot dont la définition t'est proposée.

FRAISE + CHAT + HEURE - HÂTÉ - SE

— — — — — — — — —

(on en a tellement besoin en été !)

MARDI + MANCHE + LAVE + DÉTOUR - DIVAN - TORCHE - U

— — — — — — — — —

(une confiture d'agrumes)

CORDON + PIQUE + FILLES + AGENCE - PRINCE - FONDÉE

— — — — — — — — —

(on les collectionne en souvenir)

LES FRISES

Encore un petit jeu qui te demandera un œil de lynx... et beaucoup de patience. Certains modèles sont plus compliqués à reproduire que d'autres. Compte soigneusement les petits carreaux. Tu pourras ensuite colorier ta frise dans les couleurs qui te plaisent le plus.

Les moulins à vent :

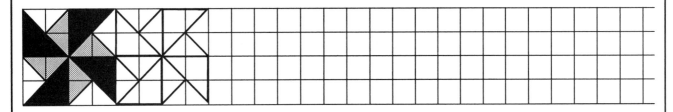

Les rubans :

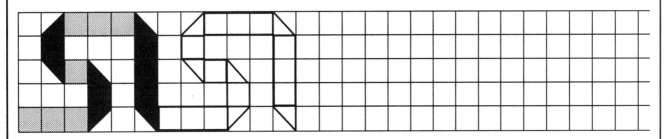

Les rosaces :

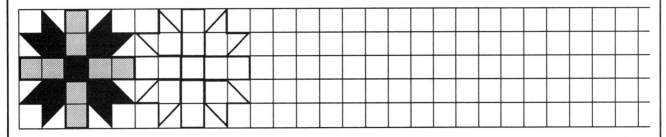

Les drôles d'oiseaux :

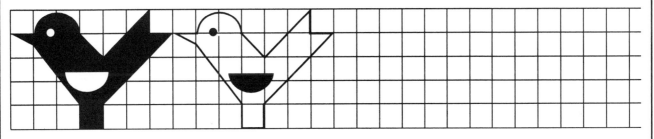

"ÉNIGMATIQUES"

Cette grille dont les cases portent les chiffres de 1 à 9 est traversée par une ligne qui passe dans les cases 4, 5, 1, 6 pour un total de 16 en tout. À toi maintenant. Trace une ligne qui traversera plusieurs cases de façon à obtenir le total maximal. Pas si facile.

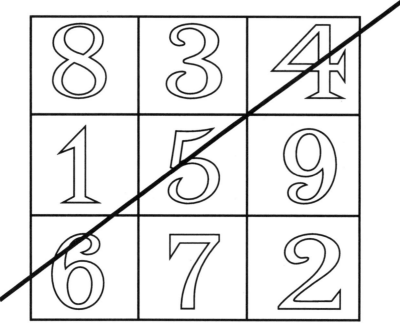

 # QUELLE SALADE DE... FRUITS !

Qui aurait cru qu'on pourrait un jour multiplier des oranges et des pommes par des raisins ou des fraises ? Mais oui, c'est possible et même très logique. Des chiffres se cachent derrière tous ces fruits. Pour les trouver, tu dois retenir ceci :
- Un même fruit cache un même chiffre.
- Les seuls chiffres figurant dans cette opération sont 0, 1, 2, 3, 5, 6, 7.
- L'addition n'a pas de retenues.

Écris la multiplication avec les chiffres réels et si tu n'y parviens pas, demande à un adulte de t'aider. C'est bien possible qu'il ait du mal à trouver, lui aussi.

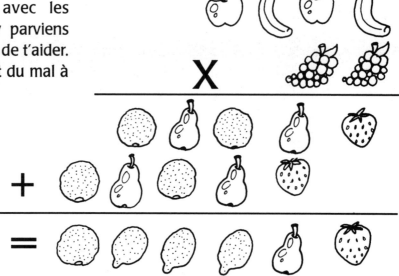

LES MOTS POINTUS

Une expression, souvent utilisée dans les cours de récréation, se cache dans ces lettres en épingles. La moitié de cette expression se lit verticalement et l'autre moitié, horizontalement. Pour t'aider, place le livre à la hauteur de tes yeux afin de réduire la longueur des lettres ou encore, retrace celles-ci du bout de ton crayon.

A... COMME ANTIQUAIRE

Durant les vacances, Agathe et Alain adorent aller fouiner chez Monsieur Antoine, l'Antiquaire du village où ils passent leurs vacances, car on trouve les choses les plus incroyables dans sa boutique. Regarde bien le dessin et trouve au moins 20 objets qui commencent par A dans le bric-à-brac de cette boutique. Tu peux en identifier beaucoup plus.

Voici un choix de 7 lettres dont la valeur est indiquée à droite. À l'aide des lettres que tu n'utiliseras QU'UNE SEULE FOIS PAR MOT, tu devras former des mots (pas de verbes) dont la somme est indiquée dans chacune des cases. Si tu en as trouvé d'autres, tu es super !

| N 7 | B 6 | H 9 | A 4 | C 7 | R 8 | E 2 |

| 10 | |

| 27 | |

| 19 | |

| 36 | |

| 24 | |

| 18 | |

| 21 | |

| 16 | |

| 28 | |

| 26 | |

Sophie adore jouer aux catégories de mots avec ses amies. Ensemble, elles ont tiré au hasard 5 lettres et 4 catégories. Toi aussi, tu peux jouer à ce jeu avec tes camarades. Vous n'avez qu'à remplir les cases et vous obtiendrez 5 points chaque fois que votre mot est le seul à avoir été choisi. Qui gagnera ?

	S	P	L	A	C
Exemple : un prénom	SUSIE	PIERRE	LOUIS	ANITA	CAROLE
un oiseau					
une fleur					
quelque chose qui a rapport à Noël					
mot qui contient la lettre « M »					

MATHS POUR LES ENDURCIS

Voici un jeu très intéressant. Tu dois d'abord résoudre tous les problèmes et répondre à toutes les questions. Ensuite, tu dois placer tous les nombres obtenus EN ORDRE CROISSANT DE GRANDEUR (du plus petit au plus grand) en INSCRIVANT LA LETTRE CORRESPONDANTE à la gauche de la question. En lisant de gauche à droite, un seul mot de cinq lettres t'apparaîtra.

Inscris-le ici : __ __ __ __ __

A. 17,09 $ + 32,91 $ - 10 $ = _____

B. Nombre de semaines dans une année = _____

C. Nombre des apôtres de Jésus-Christ = _____

D. Le premier nombre pair = _____

E. Surface d'un rectangle de 6 m x 4 m = _____

F. Valeur de cet angle ∟ = _____

G. Quand on a tout bon, on a ____ %. _____

H. Surface d'un cube de 4 m (4 x 4 x 6) = _____

I. Addition successive des nombres de
    1 à 13 inclusivement (1 + 2 + 3 + 4...) = _____

J. Une moitié = _____

K. Nombre de jours dans une semaine = _____

L. Douze douzaines = _____

M. Nombre de côtés d'un octogone = _____

N. 34 + 116 divisé par 2 - 30 = _____

O. Nombre de mois d'école = _____

P. 326 + 18 divisé par 2 = _____

__ __ __ __ __ __ __ __ __ __ __ __ __ __ __ __

les nombres en ordre croissant

__ __ __ __ __ __ __ __ __ __ __ __ __ __ __ __

les lettres correspondantes

© Les éditions Héritage inc. 1997

LE CHARABIA D'ANITA

Beaucoup d'erreurs se sont glissées dans la lettre qu'Anita vient d'écrire... elle n'a pas fait attention du tout, et son texte ne veut plus rien dire. À toi de remplacer les mots incompréhensibles par ceux qui sont proposés à gauche de la page. Tu peux réécrire le texte si le cœur t'en dit.

Mots de rechange :

bois	matin
bonne	moutons
brouter	pain
champ	pavillon
courir	père
école	parents
fraises	poires
garçon	poulets
gazon	poussins
joli	sacha
maison	verte
mange	voiture

Pacha et ses marants vivent dans un poli papillon près d'un petit fois.

Pour aller à l'étole, le glaçon traverse un camp de braises.

Il aime regarder les coussins et les boulets mourir dans le garçon et les boutons prouter de la pomme herbe verbe.

Le sapin, son mère lange du bain et des boires avant de quitter la saison en toiture.

_____

_____

_____

_____

_____

_____

_____

_____

_____

Quelle pagaille! Les noms des grandes capitales du monde ont été écrites n'importe comment. Peux-tu les replacer correctement? Dans les cases grises, tu trouveras le nom d'une autre grande ville. Il s'agit de la capitale de la Communauté économique européenne.

RALIBASI

SPARI

EUPAGR

OMIXEC

BILERN

MEJESURAL

LSOENRD

KIPNE

NWOASHGTNI

LES REFLETS DANS L'EAU

La maison de monsieur Dumoulin est construite sur le bord d'un lac tranquille. Lorsqu'il fait beau, son reflet se mire dans l'eau. Peux-tu dessiner ce reflet en reproduisant fidèlement le dessin à l'envers ? Attention, compte soigneusement les petits carreaux. Colorie ensuite le tout à ton goût !

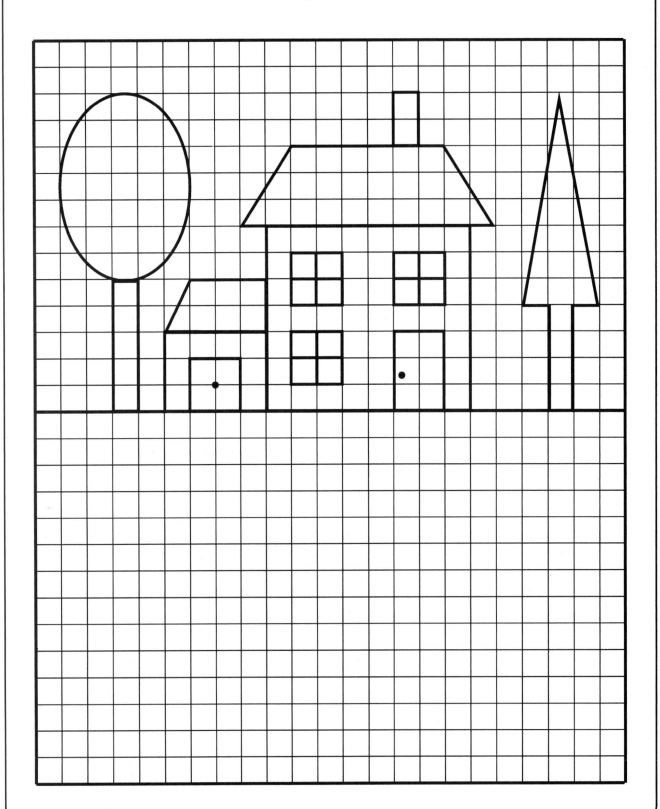

LA VINAIGRETTE DE FRED

L'été, c'est le temps idéal pour manger des salades. Voici une délicieuse recette de vinaigrette qui peut se conserver sans problème dans le réfrigérateur, durant plusieurs semaines.

Il te faut :

1 - une H P V T T F E˙ B J M écrasée

2 - une cuillerée à thé de T F M

3 - une cuillerée à thé de Q P J W S F

4 - une cuillerée à soupe de N P V U B S E F G P S U F

5 - une cuillerée à soupe d' I F S C F T T B M F F T

6 - un tiers de tasse de W J O B J H S F

7 - deux tiers de tasse d' I V J M F E˙ P M J W F

Place tous les ingrédients dans un bocal avec couvercle. Ferme hermétiquement le couvercle. Agite énergiquement pendant une bonne minute. Goûte ! C'est prêt et ta salade sera tellement formidable que tout le monde te demandera ta recette.

Tu veux connaître les ingrédients de la vinaigrette ? Facile ! Remplace chaque majuscule par la lettre de l'alphabet qui vient juste avant.

Les quatorze verbes de mouvement qui suivent ont perdu la moitié de leurs lettres. À toi de les reconstituer en allant chercher dans la liste de droite la partie qui leur manque.

ENJA _ _ _ _	GER
ROU _ _ _	PER
GRIM _ _ _	SER
BOU _ _ _	CHER
SAU _ _ _	ALER
RAM _ _ _	CER
ESCAL _ _ _ _	RIR
MAR _ _ _ _	ER
PED _ _ _ _	MBER
LAN _ _ _	LER
DAN _ _ _	ADER
JOG _ _ _	PER
JOU _ _	GER
COU _ _ _	TER

AU PIED DE LA LETTRE

Voici neuf dessins qui illustrent des expressions courantes.
Peux-tu retrouver lesquelles ?

1._____   2._____   3._____

4._____   5._____   6._____

7._____   8._____   9._____

SOLUTIONS

Page 9
OBJETS CACHÉS : LES SECRETS DE L'ÉTANG

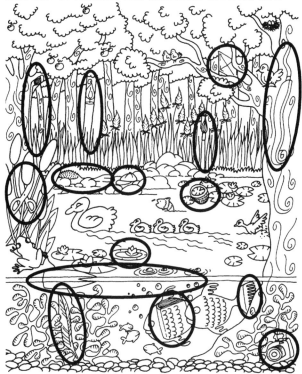

Page 10
LES MAMMIFÈRES SUR LE DERRIÈRE !

chat, vache, rat, âne, singe, souris, baleine, porc, loup, loir

QU'EST-CE QUI VIENT ENSUITE ?

Il suffit de séparer les dessins en deux par un trait vertical pour obtenir les lettres de l'alphabet, écrites en lettres carrées.

Page 11
LE S.O.S. DU GARDIEN DE PHARE

« S.O.S. j'ai attrapé un gros rhume. Toutes mes chaussettes sont mouillées et mes souliers sont tombés à la mer. »

Page 12
MOT MYSTÈRE : À LA PLAGE

Solution : lunettes

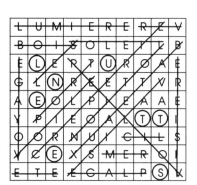

Page 13
MÉLI-MÉLO : LES CAPITALES CANADIENNES

Fredericton - Halifax - Regina - Victoria - Toronto - Québec
Charlottetown - Winnipeg - Edmonton - Saint-Jean
À la verticale dans les cases grises : Chicoutimi

Page 14
« ÉNIGMATIQUES »

1 - Dans tous les livres, la page 115 est à droite et la 116, de l'autre côté. Jean-François ne peut donc avoir trouvé l'argent entre ces pages.

2 - En 167 avant notre ère, on ne pouvait pas savoir que Jésus-Christ naîtrait 167 ans plus tard.

3 - Les jours de brouillard, on ne voit pas la pancarte et on ne peut donc pas la lire.

LES « SCRABOUILLEURS »

16 = rot
17 = mot
18 = cap-toc
19 = mât
20 = port-cape
21 = mate
22 = porte
23 = porc
25 = coma-arôme
26 = camp-rampe
28 = trame
29 = carte
30 = trompe-tomate
32 = compte
35 = crampe

Si tu en as trouvé d'autres, tu es super !

Page 15
MOTS EN IMAGES : LES LÉGUMES

Horizontalement : tomate - pois - salade - betterave - poireau - carotte - ail - chou - persil
Verticalement : champignon - pomme de terre - maïs - radis céleri - navet - endive - brocoli - fèves

Page 16
LE COQUILLAGE SAGE !

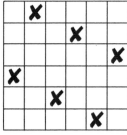

Page 25
MOTS EN IMAGES : LES FRUITS

Horizontalement : pomme - limette - prune - pêche - noix
citron - fraise - melon - banane
Verticalement : kiwi - pamplemousse - orange - poire
framboise

Page 26
LES RESSEMBLANCES

mer et océan
mystère et secret
plage et grève
voyageur et passager
voilier et bateau
livre et volume
fatigué et épuisé
maison et demeure
chat et matou
professeur et enseignant

LES NOMBRES SANS OMBRE !
16 - 20 - 14 - 16 - 27 - 22 - 21 - 15

Page 27
JEU D'IDENTIFICATION :
LE CODE DE LA ROUTE

1. Hôpital
2. Attention danger
3. Chutes de pierres
4. kiosque d'information
5. Lignes sous tension
6. Stationnement
7. Interdiction de dépasser
8. Vitesse limitée à 40 km/h
9. Autoroute
10. Direction obligatoire
11. Passage d'animaux sauvages
12. Accès interdit

Page 28
SUPERGRILLE
LES MOTS ENTRECROISÉS DU SUPERMARCHÉ

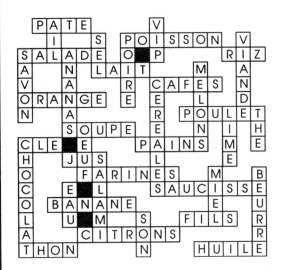

Page 29
PETITS POINTS : SOURIRE D'ÉTÉ

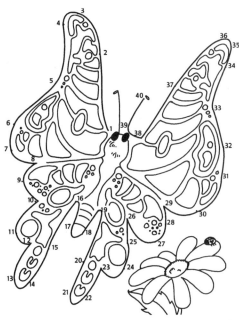

Page 30
CREUSE-CABOCHE

1. Il est moins cher d'inviter deux amis la même fois parce que toi, tu ne paieras qu'une seule fois.
2. Il en coûtera 6 $.
3. Les deux amis ne jouent pas ensemble.
4. La corde n'est pas attachée.
5. On n'enterre pas les survivants !

Page 32
CASSE-TÊTE CHINOIS

5 avril 1998 6 décembre 2000 12 janvier 1999

30 mai 2001 23 septembre 2010

Page 32 (suite)
CASSE-TÊTE CHINOIS (SUITE)

17 novembre 2009

27 février 1900

3 mars 1992

28 avril 2043

9 juin 1788

14 juillet 1789

28 août 1890

Page 33
LE QUIZ DES MOTS EN MAR

1. mari
2. mars
3. marin
4. marina
5. marelle
6. marteau
7. marmotte
8. marraine
9. marsouin
10. marketing
11. marmelade
12. maringouin

LES CHARADES

1. mer-veille-œufs (merveilleux)
2. pois-son (poisson)
3. bas-lait-nœud (baleine)
4. pas-queue-beau (paquebot)
5. thé-lait-fun (téléphone)

Page 34
« ÉNIGMATIQUES »

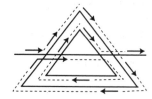

PROVERBES EN DÉLIRE

À chaque jour suffit sa peine.
L'appétit vient en mangeant.
Bien faire et laisser braire.
Un de perdu, dix de retrouvés.
Les murs ont des oreilles.
La nuit tous les chats sont gris.
Tout vient à point à qui sait attendre.
Aux grands maux les grands remèdes.
L'habit ne fait pas le moine
Il n'y a pas de fumée sans feu.
Qui s'y frotte s'y pique.
Pierre qui roule n'amasse pas mousse.
Une hirondelle ne fait pas le printemps.
Tous les goûts sont dans la nature.
Qui ne risque rien n'a rien.

Page 35
F... COMME FERME

Façade, faisan, fagot, famille, fanal, fardier, faucille, faux, femme, fenaison, fenêtre, fenil, ferme, fermier, fermière, fesse, feuille, feu, feuillage, ficelle, fille, figure, filet, fils, fiole, flacon, flairer, flamme, feu, flaque, flèche, fleur, fléchette, flûte, foin, forêt, fougère, fouet, foulard, fox-terrier, fourche, fourchette, fourmi, fourgonnette, fraise (fraisier), framboise (framboisier), frisettes, fromage, fruit, fumée, fusil.

Page 36
QUI A GAGNÉ, QUI A PERDU ?

Nathalie :	64 points
Michel :	62 points
Jérémie :	60 points
Alexis :	67 points
Audrey :	71 points
Frédérique :	72 points

C'est Frédérique qui gagne !

Page 38
MOT MYSTÈRE : L'ÉTÉ

Solution : estival

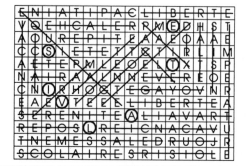

Page 39
QU'EST-CE QUI CLOCHE ? EN CAMPING

- Un des personnages porte des vêtements d'hiver.
- Le pommier porte des bananes.
- Madame Tremblay porte une sandale et une chaussure de marche.
- Un des piquets de la tente est un marteau.
- Un poisson sort du terrier de la marmotte.
- Un bateau à voile escalade le flanc de la montagne.
- La bicyclette n'a pas de guidon.
- Dans l'arbre, l'écureuil porte un panier à sa patte.
- Malgré le panneau «Interdiction de faire du feu», un feu de camp brûle.
- La table de pique-nique n'a que trois pieds.
- Un des personnages utilise une raquette de tennis pour faire griller des guimauves.
- Il y a une antenne de télévision sur le toit de la tente.

Page 40
MOTS ENTRECROISÉS : LE CORPS HUMAIN

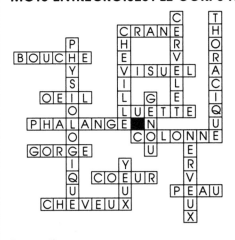

Page 41
LE QUIZ DES MOTS EN CHE

1. chef
2. cher
3. chêne
4. chéri
5. chemin
6. chétif
7. cheval
8. cheveux
9. chemise
10. chenille
11. chevalier
12. chevreuil

GÉNIES... SUR PELOUSE

1. le rouge et le blanc
2. ils les portent aux pieds
3. l'Aigle à tête blanche appelé aussi Pygargue
4. l'Angleterre
5. le Canada
6. les chutes Niagara
7. au Canada
8. sur la Lune
9. elle penche
10. les Norvégiens

Page 42
LABYRINTHE

6	5	7	96	79	89	82	97	40	70	25	28
12	96	4	16	15	8	53	75	27	20	35	84
22	2	11	48	12	9	45	92	43	19	27	23
3	14	54	58	10	55	23	98	65	60	29	18
17	88	15	64	27	50	13	28	90	10	58	23
42	37	33	78	72	43	16	82	21	56	65	20
90	36	46	49	8	21	2	9	33	38	49	52
40	39	25	34	30	24	26	36	4	94	61	18
95	30	63	51	95	80	32	50	51	93	88	46
62	92	69	85	82	8	51	82	24	6	20	29

Page 43
OBJETS CACHÉS : LES SECRETS DU JARDIN

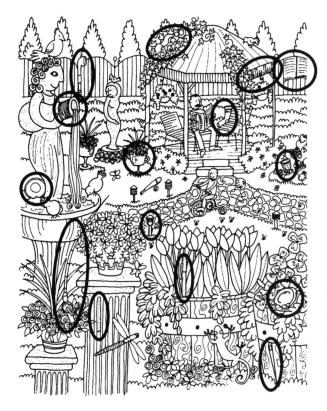

Page 44
MATHS POUR LES DINGUES

A. 29	B. 18	C. 33	D. 7
E. 90	F. 6	G. 10	H. 50
I. 11	J. 91	K. 100	L. 1 200
M. 101	N. 31	O. 15	P. 5
Q. 120	R. 21		

Ordre croissant : 5 6 7 10 11 15 18 21 29 31 33 50 90 91 100 101 120 1 200

Lettres correspondantes :
P F D G I O B R A N C H E J K Q L
Réponse : branche

Page 45
C... COMME CIRQUE

chapiteau - clown - chien - chat - canon - chapeau - chameau coussin - chimpanzé - corde - clavier - casse-croûte - clé couronne - cabriole - cheval - clou - couverture - chaise cheveux - cigare - cape - carotte - chaîne - chaussures cirque - costume - cible - confettis - cowboy - cravache - cravate - couche - conserve - cercle - carreaux - collier chamelier - crinière - chemise - ceinture - collants - crème.

Page 46
LES TEXTES CÉLÈBRES : LE PETIT PRINCE

Horizontalement : 1 : muselière 2 : sahara 3 : Saint-Exupéry 4 : blés 5 : avion 6 : pilote 7 : serpent 8 : allumeur Verticalement : A : Antoine B : rose C : mouton D : puits E : renard F : volcan G : étoiles H : astéroïde I : terre

Page 47
LE CODE SECRET

— Je sais où creuser pour trouver le plus gros des trésors !
— Où ça ?
— ...se creuser les méninges !

Page 48
CALCULS MAYAS

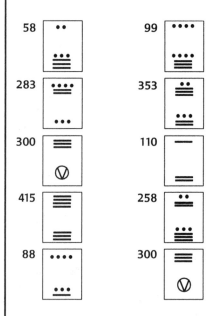

Page 49
INCROYABLE MAIS VRAI : LES MAMMIFÈRES

1 : B 2 : C 3 : C 4 : B
5 : A 6 : C 7 : C 8 : C

Page 50
LES LETTRES TOMBÉES

Solution : L'école est finie !

Page 51
LES TEXTES CÉLÈBRES : LA CHÈVRE DE MONSIEUR SEGUIN

Horizontalement : 1 : étable 2 : chamois 3 : loup 4 : Daudet 5 : aube 6 : Provence 7 : montagne 8 : rouge 9 : cornes 10 : renaude
Verticalement : A : Alphonse B : bique C : blanche D : ennui E : Blanquette F : chèvre

Page 52
LES ÉTRANGERS

Lévrier, boxer, bichon, danois, colley, labrador, caniche ; le mot étranger est siamois (race de chat).

LES CHARADES

1. Va camp ce (vacances)
2. dé tente (détente)
3. paire mi sillon (permission)
4. voix lier (voilier)
5. hat lent tic (Atlantique)

Page 53
LES MOTS POINTUS

Solution : Tout vient à point à qui sait attendre.

Page 55
QU'EST-CE QUI CLOCHE ? AU JARDIN

- Martine jardine avec un bâton de golf.
- Le râteau et la binette servent de piliers à la balançoire.
- Le chat est assis sur la mangeoire à oiseaux.
- La chemise de Martine n'a qu'une seule manche.
- L'arbre fruitier est couvert de chaussures au lieu de fruits.
- Le sécateur n'a qu'une seule poignée.
- Le plant de tomates est couvert de poires.
- Il y a un poisson dans le nid d'oiseaux.
- Le tuyau d'arrosage est coupé.
- Le hamac est mal installé.
- Manu fait griller les hamburgers avec une pelle.
- Les pieds du barbecue sont entremêlés.

Page 56
LES ENQUÊTES DE L'INSPECTEUR LOCOMBO

A = Troisième jour
B = deuxième jour
C = quatrième jour
D = premier jour
E = sixième jour
F = cinquième jour

Page 57
DU BON JUS D'ORANGE

pomme rouge
rouge sang
sang-froid
froid (aux) yeux
yeux (dans) l'eau
melon (d')eau
melon (de) miel
lune (de) miel
quartier (de) lune

Page 57 (suite)
DU BON JUS D'ORANGE (SUITE)

quartier (d')orange
jus (d')orange.

LES ÉTRANGERS

Le mot étranger est TARTE.
Les autres sont : vin, lait, thé, bière, eau, café et jus.

Page 58
SUPERGRILLE : L'ÉTÉ

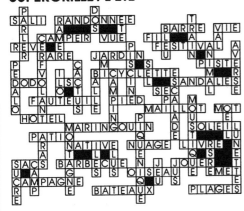

Page 59
PETITS POINTS : LE CERF-VOLANT

A ananas	B bateau	C carotte	D dauphin
E étoile	F fromage	G garçon	H hache
I insecte	J jambe	K kangourou	L lunettes
M mouton	N nid	O œuf	P pomme
Q queue	R raisins	S scorpion	T téléphone
U urne	V valise	W wagon	X xylophone
Y yogourt	Z zèbre		

Page 60
LES FRUITS EN FOLIE !

lime, melon, raisin, banane, orange, pomme, poire,
pêche, datte, figue

Page 60 (suite)
QU'EST-CE QUI VIENT ENSUITE ?

Il suffit de séparer les dessins en deux par un trait vertical
pour obtenir les chiffres de un à six. Facile ensuite de continuer la série sur le même principe.

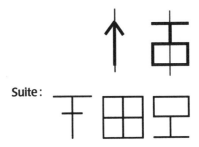

Suite :

Page 61
MOTS EN IMAGES : LE PANIER D'ÉPICERIE

Horizontalement : poisson - chocolat - jambon - côtelette
yogourt - beurre - conserve - jus - pizza - crevette - poulet
saucisson
Verticalement : café - biscuits - enveloppe - lait - clé - céréales
confiture - gâteau

Page 62
MÉLI-MÉLO :
LES PREMIERS MINISTRES DU CANADA

Mulroney - Pearson - Diefenbaker - Saint-Laurent - Chrétien
Laurier - Trudeau - Clark
À la verticale dans les cases grises : Montréal

LE QUIZ DES MOTS EN SAL

1. sale
2. salon
3. salut
4. salve
5. salade
6. salami
7. salive
8. saloon
9. salaire
10. saladier
11. salopette
12. salamandre

Page 63
LE JARDIN EN FOLIE !

```
B L N P U V B T O M T I
R Y E T M O A T K S E J
T M A W Q G S C D M A C
Q B B C R D F H D O H I
F C P Q B H E O M T G F
S G G E E O T I L H N I
K F R M K D J F M A T O
D L J O T T O E A N P C
```

LES ÉTRANGERS

Merle, huard, paruline, pinson, hirondelle, cardinal;
le mot étranger est renard.

Page 64
LES TEXTES CÉLÈBRES :
LES TROIS MOUSQUETAIRES

Horizontalement : 1 : Milady 2 : D'Artagnan 3 : amis
4 : Louvre 5 : Dumas 6 : Richelieu 7 : Constance 8 : mous-quetaire
Verticalement : A : Porthos B : Paris C : Athos D : Alexandre
E : Anne F : épée G : Louis H : Aramis

Page 65
MOTS CODÉS : LE MESSAGE SECRET

Lorsque les vacances achèvent, j'ai hâte de retourner à l'école.

Page 66
ENFIN LIBRE !

temps (en) prison
temps sec
bruit sec
sans bruit
sans-cœur
cœur (de) pierre
lance-pierres
lance-flammes
flamme olympique
Jeux olympiques
jeux (de) société
société riche
riche (comme de la) crème
crème glacée
thé glacé
thé chinois
riz chinois
farine (de) riz
farine blanc(he)
blanc (comme) neige
flocons (de) neige
flocons (d')avoine
champ (d')avoine
champ libre

Page 67
GÉNIES... SUR PELOUSE

1. donner sa langue au chat
2. le pingouin
3. un castor
4. l'Australie
5. de la graisse
6. sur un cheval
7. oui
8. terrier
9. un chien
10. ils vivent en société

LE BOUQUET DE BALLONS

« Bon anniversaire Nicolas et bonnes vacances »

Page 68
LES CASES DE L'ONCLE TOM

Solution : la patience

Page 69
LES 8 ERREURS DU DESSINATEUR

PAGE 70
LES INTRUS

1. orange : les autres sont rouges.
2. soleil : les autres sont des fruits.
3. cuillère : on ne peut pas écrire avec cet objet.
4. carotte : les autres sont jaunes.
5. nuage : les autres appartiennent à l'océan.
6. foulard : les autres sont des contenants.
7. jouet : les autres finissent par un « e ».
8. tulipe : les autres sont grands.
9. vase : les autres ont trois lettres.
10. yeux : les autres commencent par un « t ».

Page 71
INCROYABLE MAIS VRAI : LES INSECTES

1 : C   2 : C   3 : B   4 : B   5 : C
6 : B   7 : B   8 : A   9 : C

Page 72
LES LETTRES... SUR LA SELLETTE !

Solution : N-G-X-N-S-A-U

LES CHARADES

1. chat-loup-peu (chaloupe)
2. reste-eau-rang (restaurant)
3. lit-ber-thé (liberté)
4. châle-heure (chaleur)
5. riz-va-jeu (rivage)

Page 73
SUPERGRILLE : LES OISEAUX

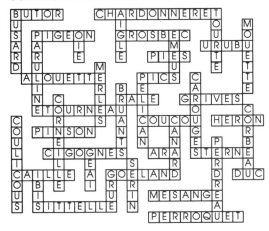

Page 74
LES CARREAUX MANQUANTS

C5   E4   E2   C2

Page 75
LE JEU DES ONOMATOPÉES

1. Dring dring   : téléphone qui sonne
2. Splash   : sauter dans la piscine
3. Glouglou   : boire goulûment
4. Chut   : mettre un doigt devant sa bouche
5. Vlan   : porte qui claque
6. Crouche crouche   : manger des croustilles
7. Ouin   : bébé qui pleure
8. Ouille   : se couper le doigt
9. Atchoum   : éternuement

Page 76
OBJETS CACHÉS : LES SECRETS DE LA FÔRET

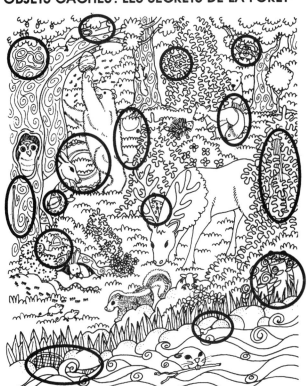

Page 77
TEXTES CÉLÈBRES : LES FABLES DE LA FONTAINE

Horizontalement : 1 : flatte 2 : bœuf 3 : corbeau 4 : renard
5 : roseau 6 : été 7 : cigale 8 : tortue 9 : grenouille
10 : chêne 11 : loup 12 : refuse
Verticalement : A : fourmi B : course C : fromage D : lièvre
E : Jean F : agneau G : casser H : plier I : Perrette J : pot
au lait K : dansez L : chanter

Page 78
LE QUIZ DES MOTS EN FOU

1. four
2. fouet
3. foudre
4. fougue
5. fourmi
6. fougère
7. fouiner
8. foulard
9. foulque
10. foulure
11. fouiller
12. fouillis

GÉNIES... SUR PELOUSE

1. Riri, Fifi et Loulou
2. contre les Romains
3. les Dupont et Dupond
4. deux
5. trois fois
6. Gargamel
7. Blanche Neige
8. une pomme
9. Peter Pan
10. les trois mousquetaires (qui étaient quatre)

Page 79
JEU D'IDENTIFICATION : LES SIGLES

1. Recyclable
2. Hydro-Québec
3. Gouvernement du Québec
4. Postes
5. Autobus de la STCUM
6. Accès aux personnes handicapées
7. Pure laine
8. Téléphone public
9. Poison
10. Gouvernement du Canada
11. Bell
12. Laver à la main

Page 80
INCROYABLE MAIS VRAI : LES OISEAUX

1 : A 2 : B 3 : C 4 : C 5 : C
6 : B 7 : A 8 : B 9 : B

Page 81
V... COMME VACANCES À LA MER

vache, vague, valise, varech, véliplanchiste, vélo, vendeur
ventre, ventru, verre, vêtement, violon, vieillard, village
vin, violoniste, visage, vitre, vitrine, voile, voilier, voiture
voisin, volet, volley-ball, voleur voyage, agence de voyages

Page 82
MOT MYSTÈRE : EN RANDONNÉE

Solution : fatigue

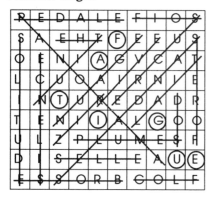

Page 83
LABYRINTHE

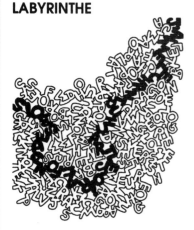

Page 84
LES SECRETS DU PHARAON

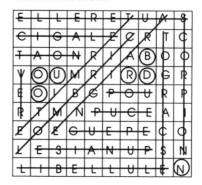

Page 85
MOTS EN ALVÉOLES

5 lettres : olive - silos - sonar - élève - viole - tente - fonte
harpe - honte
6 lettres : folios - violet - vision - foison - solive
8 lettres : éléphant
9 lettres : téléphone - éléphante
10 lettres : télévision

Page 86
MOTS CROISÉS : LES VACANCES

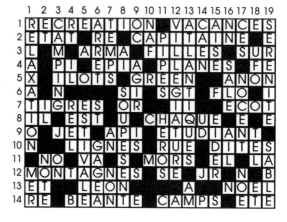

Page 87
QU'EST-CE QUI CLOCHE ? À LA PISCINE

- Une des chaises n'a que trois pieds.
- La fille de la maison se baigne toute habillée.
- Le thermomètre indique dix degrés sous zéro.
- Un feu de camp brûle sur le matelas pneumatique.
- La chaise longue n'a pas de dossier.
- Un des baigneurs écoute son baladeur sous l'eau.
- Un ours se cache dans la haie qui borde la piscine.
- Le bébé rampe sans surveillance au bord de la piscine.
- La bicyclette n'a qu'une seule roue.
- Un jeune garçon court autour de la piscine.
- La mère vide la poubelle par-dessus la haie.
- Le père lit son journal à l'envers.

Page 88
MOT MYSTÈRE : LES BESTIOLES

Solution : bourdon

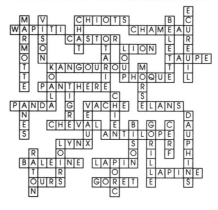

Page 95
LE CODE SECRET

J'ai hâte que tu arrives chez moi. Nous irons à la mer.

Page 96
MÉLI-MÉLO : LES PAYS D'AFRIQUE

Namibie - Zaïre - Rwanda - Somalie - Égypte - Angola
Sénégal - Maroc - Tchad - Algérie
À la verticale dans les cases grises : Madagascar

Page 97
LES ÉNIGMES DU PÈRE PISTOU

1. Nous obtiendrons un seul gros tas.
2. Bisbille est un poisson rouge dont le bocal s'est cassé.
3. Il y a 9 personnes dans la famille de mon cousin.
4. Un cercueil.
5. Un épi de maïs.
6. Le lac Rond était gelé.

Page 98
« ÉNIGMATIQUES »

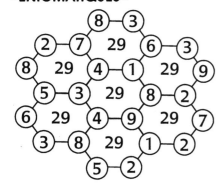

LES ANIMAUX CACHÉS

Il lui reprocha totalement la pingrerie de la marraine d'Anette mais acheva les critiques aussitôt. Elle s'en va chez Ebrem d'où Loulou partira avec moi et son frère pour Leipsing et Londres, habitant une chambre biscornue.
Donc : chat, lapin, lama, âne, cheval, tiques, vache, zèbre, loup, oie, singe, brebis

Page 100
JEUX DE MÉMOIRE : LE FOUILLIS D'AMÉLIE

Non, la garde-robe ne contient que :
un sac à dos ;
un sac de couchage ;
une brosse à cheveux ;
une brosse à dents ;
un thermos ;
un chandail ;
une fourchette ;
un maillot de bain ;
un tube de lotion solaire et
une chaussette seulement au lieu de deux.

PLUS OU MOINS... DE LETTRES

Fraîcheur - marmelade - coquillages
À la verticale dans les cases grises : Madagascar

Page 102
« ÉNIGMATIQUES »

4 + 9 + 5 + 7 + 6 = 31

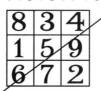

QUELLE SALADE... DE FRUITS !

Citron = 7
Poire = 6
Raisin = 5
Pomme = 3
Banane = 2
Orange = 1
Fraise = 0

```
        3 2 3 2
   X        5 5
  _____
      1 6 1 6 0
 + 1 6 1 6 0
  _____
  = 1 7 7 7 6 0
```

Page 103
LES MOTS POINTUS

Qui va à la chasse perd sa place.

Page 104
A... COMME ANTIQUAIRE

abat-jour - avion - agenda - atlas - automobile - autruche aéronef - arquebuse - aérosol - arrosoir - affiche - afghan agate - anorak - aquarelle - aigle - agneau - aile - alambic aimant - âne - algue - anse - album - alcôve - allumettes alto - archet - ambulance - ammonite - ameublement arabe - amphore - ampoule - ancre - angelot - animal anneaux - annuaire - araignée - appareil - appeau - appentis - arachide - arbre - arbalète - arc - arbuste - ardoise arlequin - armure - arme - armoire

Page 105
LES « SCRABOUILLEURS »

10 = ré
16 = ber
18 = bar
19 = arc
21 = âcre
24 = banc
26 = cher-cran
27 = crabe
28 = char-nacre-crâne-bâche et écran
36 = branche

Si tu en as trouvé d'autres, tu es super !

Page 107
MATHS POUR LES ENDURCIS

Solution : océan

A : 40	B : 52	C : 12	D : 2
E : 24	F : 90	G : 100	H : 96
I : 91	J : 1/2	K : 7	L : 144
M : 8	N : 45	O : 10	P : 172

JDKMOCEANBFIHGLP

Page 108
LE CHARABIA D'ANITA

«Sacha et ses parents vivent dans un joli pavillon près d'un petit bois. Pour aller à l'école, le garçon traverse un champ de fraises. Il aime regarder les poussins et les poulets courir dans le gazon et les moutons brouter de la bonne herbe verte. Le matin, son père mange du pain et des poires avant de quitter la maison en voiture.»

Page 109
MÉLI-MÉLO :
LES GRANDES CAPITALES DU MONDE

Brasilia - Paris - Prague - Mexico - Berlin - Jérusalem
Londres - Pékin - Washington
À la verticale dans les cases grises : Bruxelles

Page 111
LA VINAIGRETTE DE FRED

1. gousse d'ail
2. sel
3. poivre
4. moutarde forte
5. herbes salées
6. vinaigre
7. huile d'olive

Page 112
LES MOTS QUI BOUGENT

enjamber
rouler
grimper
bouger
sauter
ramper
escalader
marcher
pédaler
lancer
danser
jogger
jouer
courir

Page 113
AU PIED DE LA LETTRE

1. Finir en queue de poisson
2. Les murs ont des oreilles
3. Couper les cheveux en quatre
4. N'avoir ni queue, ni tête
5. Marcher sur la corde raide
6. Tel père, tel fils
7. Plonger dans un livre
8. Mettre le doigt entre l'arbre et l'écorce
9. Que la lumière soit !
   (ou encore : Allume tes lumières !)

Achevé d'imprimer en mars 2001 sur les presses de
Payette & Simms inc. à Saint-Lambert (Québec)